Rüdiger Hauth

Taschenhandbuch Esoterik

Von Bachblüten bis Yoga – Ein kritischer Leitfaden

scm R.Brockhaus

Die Bibelzitate wurden der Lutherbibel, revidierter Text 1984, durchgesehene Ausgabe in neuer Rechtschreibung, © 1999 Deutsche Bibelgesellschaft, Stuttgart, entnommen.

Abbildungsnachweis:

S. 35 : Aus dem Archiv des Autors

S. 42,43: Reinhard Hummel, *Yoga: Meditationsweg für Christen? Probleme einer christlichen Yogarezeption.* EZW-Texte, Informationen Nr. 112, Oktober 1990, S. 16

S. 76: Brigitte Müller/Horst Günther, *Reiki. Heile dich selbst*, München, Silberschnur Verlag 1991

RB*taschenbuch Bd.* 675

Umschlag: Dietmar Reichert, Dormagen
Satz: factory · Mediaservice, Burkhard Lieverkus, Remscheid
Druck: Ebner & Spiegel, Ulm
ISBN 978-3-417-20675-3
Bestell-Nr. 220.675

INHALT

Vorwort 7

I. »Esoterik« – ein schillernder Begriff 9

1. Zur Definition und Geschichte 9
2. Heutiges Erscheinungsbild 11
3. Abgrenzung von Magie und Aberglaube 13
   a) Magie 13
   b) Aberglaube 16
   c) Kritische Anmerkungen 18

II. Fernöstliches im Westen 21

1. Karma und Reinkarnation 21
   a) Beobachtungen 21
   b) Fernöstliche (hinduistische und buddhistische) Vorstellungen von der Wiederverkörperung ... 24
   c) Adaptionen von Karma und Reinkarnation im Westen 28
   d) Zwischenbilanz 31
   e) Reinkarnation und christlicher Glaube 32

2. Yoga 34
   a) Theorie und Praxis 34
   b) Kritische Anmerkungen 45

3. Feng-Shui 47
   a) Beobachtungen 47
   b) Religiös-weltanschaulicher Hintergrund 50
      i. Chi 52
      ii. Yin und Yang 53
      iii. Die Lehre von den »Fünf Elementen« 54
   c) Feng-Shui – die Praxis 57
      i. Die Formen-Schule (Luan Ton) 58
      ii. Die Kompass-Schule (Li Qi) 62
   d) Pro und Kontra 66
   e) Kritische Anmerkungen 69

III. Esoterisches Heilen 74

1. Reiki 74
   a) Beobachtungen 74
   b) Entstehung und Geschichte 76
   i. Der Reiki-Gründer Mikao Usui 76
   ii. Reiki erreicht den Westen 80
   c) Theoretische Grundlagen des Reiki 83
   d) Reiki in der Praxis 84
      i. Der 1. Reiki-Grad (Sho-Den) 84
      ii. Der 2. Reiki-Grad (Oku-Den) 85
      iii. Der 3. Reiki-Grad (Shinpi-Den) 89
   e) Pro und Kontra 90
   f) Kritische Anmerkungen 92

2. Bachblüten 97
   a) Beobachtungen 97
   b) Entstehung und Geschichte 99
   c) Die Bachblüten-Theorie 102
   d) Die praktische Anwendung von Bachblüten 104
   e) Pro und Kontra 112
   f) Kritische Anmerkungen 114

IV. Orakel 119

1. Einführung 119

2. Zahlenmystik und Nummerologie 121
   a) Einführung 121
   b) Exkurs: Zahlensymbolik 122
   c) Zahlenmystik 124
   d) Ein Sonderfall: *Der Bibel-Code* 125
   e) Nummerologie 127
   f) Kritische Anmerkungen 129

3. Kartenlegesystem am Beispiel »Tarot« 130
   a) Einführung 130
   b) Entstehung und Geschichte 130
   c) Struktur und Bedeutung der Karten 131

d) Einige Beispiele traditioneller Deutung der Tarotkarten . . . 132
e) Tarotkarten legen und lesen in der Praxis . . . 134
f) Kritische Anmerkungen . . . 136

4. Kritische Einschätzung der Orakelpraktiken . . . 137

V. Esoterik und christlicher Glaube . . . 140

VORWORT

Was ist Esoterik? Obwohl dieses Stichwort in letzter Zeit immer öfter zu hören und zu lesen ist, kommen »normale Mitmenschen« bei der Beantwortung dieser Frage doch leicht ins Stolpern. Das ist verständlich, wenn man die unübersichtliche esoterische Szene vor Augen hat: Im Westen gibt es, ganz allgemein gesehen, zwei in sich wiederum zerfaserte Ausprägungen von »Esoterik«, nämlich die sogenannte »System-Esoterik« und die »Gebrauchs-Esoterik«.

Mit dem ersten Begriff werden im Allgemeinen Weltanschauungsgemeinschaften bezeichnet, die einen esoterischen Hintergrund, verbunden mit einer organisatorischen Struktur, aufweisen. Hierzu zählen beispielsweise die Theosophie, die Anthroposophie oder die verschiedenen Rosenkreuzergruppen. Auf diesen Aspekt soll allerdings im Folgenden wegen seiner thematischen Dichte nicht weiter eingegangen werden.

»Gebrauchs-Esoterik« umschreibt eine frei vagabundierende, z. T. kommerzialisierte Esoterik, die keine einheitliche, fest umrissene Religion, Sekte, Philosophie oder Weltanschauung meint, sondern ein Sammelsurium von höchst unterschiedlichen Traditionen und Überzeugungen, Aktivitäten und rituellen Handlungen, das das ganze Spektrum zwischen »spirituell« und »irrational« abdeckt. So ist es nachvollziehbar, dass das Stichwort »Esoterik« bzw. »esoterisch« von Vielen als diffus oder nebulös empfunden wird und eine präzise Auskunft über die Inhalte erschwert.

Der vorliegende Band will helfen, einen Weg durch das Dickicht all dessen zu finden, was allgemein unter »Esoterik« zu verstehen ist und was auf dem Markt angeboten wird. Dabei kann es nicht um eine umfassende Darstellung der gesamten Szene gehen, sondern nur, nach einer detaillierten Begriffserklärung, um einige Aspekte, die als charakteristisch gelten können: Vorstellungen und Praktiken, die aus asiatischer Religiosität in den Westen getragen wurden (Yoga, Reinkarnation), esoterisches Heilen (Reiki, Bachblüten) und Orakel-Techniken.

Außerdem wird die Frage diskutiert, wie das Verhältnis zwischen Esoterik und christlichem Glauben zu sehen ist, da es inzwischen nicht wenige Christen gibt, die diese beiden Dinge verbinden oder gar vermischen möchten.

I. »Esoterik« – ein schillernder Begriff

1. Zur Definition und Geschichte

Es gibt keine allgemein verbindliche Festlegung, was unter »esoterisch« bzw. »Esoterik« zu verstehen ist, da sich schon Esoteriker und Nichtesoteriker, beispielsweise kritische Beobachter der Szene, durch ihre voneinander abweichenden Standpunkte und Beurteilungskriterien unterscheiden. Darüber hinaus ergibt sich die Frage, was eigentlich zum esoterischen Bereich gehört und was nicht, etwa im Hinblick auf die Abgrenzung zu Aberglaube, Magie und Okkultismus. Historiker sowie Religions- und Kulturwissenschaftler bringen weitere Aspekte aus ihren jeweiligen Forschungsgebieten ein, wie der entsprechenden Fachliteratur oder den einschlägigen Lexika-Artikeln zu entnehmen ist.

Dennoch lassen sich Erscheinungsformen beschreiben und einige Punkte nennen, die zum Verständnis dessen beitragen, was gemeint ist. Das Wort »esoterisch« wird vom griechischen Adjektiv *esoterikós* (*eso* = innen) abgeleitet, das sich mit »nach innen gewandt« oder »zum inneren Kreis gehörig« übersetzen lässt. In dieser Bedeutung findet es sich schon im 2. Jh. n.Chr. in einer Schrift des Satirikers Lukian von Samosata (ca. 120–180). Zum ersten Mal im Sinne von »geheim« gebrauchte Clemens von Alexandrien (ca. 160–215) den Begriff.

Die erstmalige Verwendung des Substantivs »Esoterik« wird gewöhnlich dem französischen Okkultisten Alphonse Louis Constant (1810–1875) zugeschrieben, der sich »Eliphas Lévi« nannte (kabbalistisches Pseudonym). Er war es übrigens auch, der den Begriff »Okkultismus« (*occultisme*) prägte. Constant hatte katholische Theologie studiert, war aber wegen abweichender Lehren und sexueller Freizügigkeit nicht zum Priester geweiht worden. Daraufhin wandte er sich magischen Praktiken und der Kabbala zu, einer jüdischen Geheimlehre. Um 1870 verwendete er den Terminus »Esoterik« (*l'ésotérisme*) als Sammelbezeichnung für verschiedene okkulte Strömungen, Handlungen und Gemeinschaften (Alchemie, Mantik, Hexenwesen, Rosenkreuzertum u. a.). Es ist jedoch sehr wahrscheinlich, dass er den Begriff »l'ésotérisme« der Schrift *Histoire critique du gnosticisme et de son influence* (dt.: Geschichte des Gnostizismus und seines Einflusses) von 1828 entlehnt hat. Ihr Verfasser ist der elsässische Protestant Jacques Matter (1791–1864), der »l'ésotérisme« als Bezeichnung für freie religiöse und intellektuelle Spekulationen außerhalb der verfassten Kirchen benutzte, etwa im Sinne der christlichen Theosophie (= Gottesweisheit) des 18. Jahrhunderts (z. B. von Jakob Böhme und Friedrich Christoph Oetinger).

Zur inhaltlichen Bedeutung des Begriffs »Esoterik« hat jedoch wesentlich die Deutschrussin Helena Petrovna Blavatsky (1831–1891) beigetragen. Die Spiritistin, Gründerin der »Theosophischen Gesellschaft« (September 1875 in New York; nicht zu verwechseln mit der christlichen Theosophie) und Konvertitin zum Buddhismus (1880) vertrat am Ende ihres Lebens unter anderem folgende Überzeugungen, die noch heute für die Theosophie und damit größtenteils für die moderne Esoterik charakteristisch sind:

- Es gibt eine »Ur-Weisheit«, die sich hinter allen Philosophien, Kulturen und Religionen verbirgt. Diese sind nur historisch-materielle Ausprägungen dessen, was sie aus der gemeinsamen Quelle schöpfen. Der Wahlspruch der Theosophischen Gesellschaft lautet: »Keine Religion ist höher als die Wahrheit.«
- Es gibt keinen persönlichen Gott, sondern nur das unpersönliche »Göttliche«, das als »Energie« alles durchwirkt, auch den Menschen.
- Alles im Kosmos entwickelt sich, gemäß einem universalen Gesetz, von einer materiellen zu einer geistigen Existenz. Dazu bedarf es allerdings, besonders im Hinblick auf den Menschen, verschiedener Reinkarnationen (Wiederverkörperungen).
- Da der Mensch am Göttlichen Anteil hat, kann er durch eigene Anstrengung und »Erkenntnis der Wahrheit« schließlich selbst vergöttlicht werden.

Von Religions- und Kulturwissenschaftlern werden die Termini »Esoterik« bzw. »esoterisch« vielfach noch im klassischen Sinne gebraucht, um den Gegensatz zwischen einem »inneren« und einem »äußeren« Bereich zu kennzeichnen, etwa bei der Beschreibung von Geheimgesellschaften, Geheimkulten, Mysterienreligionen usw. Der innere Bereich wird charakterisiert durch Kenntnisse und Erfahrungen, von denen behauptet wird, dass sie Außenstehenden nicht ohne Weiteres zugänglich seien. Geheime Schriften, Passwörter, Handgriffe und entsprechende Rituale werden dem Adepten (Schüler, Neuling) erst nach einer längeren Zeit der Prüfung und »Bewährung« von einem »Meister«, »Großmeister«, »Guru« oder »Hohepriester« übermittelt. Mit der Aufnahme wird dem neuen Mitglied meist das Versprechen abgenommen, Verschwiegenheit zu wahren (»Arkandisziplin«) und die Gemeinschaft nach außen nicht zu gefährden. Durch dieses Prozedere fühlen sich viele »Eingeweihte« als erwählt, aus der Masse der Nichtwissenden herausgehoben und wähnen sich auf dem Wege zur Erleuchtung oder gar Erlösung.

2. Heutiges Erscheinungsbild

Seit Anfang der 1970er-Jahre ist nun ein merkwürdiges Phänomen zu beobachten: eine Popularisierung des Begriffs »Esoterik«. Es ist ein Allerweltswort geworden, »ein Gefäß, worin alles und jedes zu einem subjektiven und willkürlichen Einheitsbrei zusammengekocht zu werden droht und wo viele Menschen völlig unkritisch und ohne Unterscheidungsvermögen einfach alles konsumieren, was in dem ›esoterischen Gemischtwarenladen‹ so feilgeboten wird« (Ronald Zürrer, »Die Not-Wendigkeit der Esoterik«; in: *Vision*, März-April 1993, S. 25).

Dieser Beurteilung wird zustimmen, wer sich einen Überblick über den gegenwärtigen »esoterischen Gemischtwarenladen« verschafft und zur Kenntnis nimmt, was heute unter »Esoterik« angeboten wird. Hier eine kleine Auswahl von Kategorien:

- Bewusstseinserweiterung mit Hilfe fernöstlicher, d. h. aus asiatischen Religionen stammender Meditationsformen, Yoga-Techniken, Götterverehrungsritualen ...
- Alternativ-esoterische Heilungsmethoden: Reiki, Edelsteinmagie, Bachblüten, Geistheilung, Ayurveda, Reinkarnationstherapien ...
- Wahrsage- und Orakeltechniken: Tarot, Nummerologie, Pendeln, Astrologie ...
- Channeling (= »Kanal sein«): Kontaktaufnahme eines Mediums mit Wesen auf höheren, spirituell-feinstofflichen Ebenen mit »Seth«, »Ramtha«, »Ea«, »P'taah«, »Bashar«, »Kryon«, »Jesus«, »Gott«, »Engeln«, »aufgestiegenen Meistern« ...
- Ufologie als Glaube an die Errettung des Planeten Erde und der ganzen Menschheit durch hoch entwickelte Außerirdische und ihre Raumschiffe: »Asthar Sheran«, »Venusier«, »Orlon«, »Argun«, »Tai Shiin«, »Satun Shener« ...
- Ethnische (von Naturvölkern stammende) Religiosität und Ritualistik, Schamanismus, indianische Spiritualität (Schwitzhütte, Medizinrad), keltische Mythologie (Druiden), Voodoo-Kulte ...
- Esoterische »Erd-Techniken«: Geomantie, Radiästhesie, Feng-Shui ...
- Glaube an »Kraftorte« und »heilige Plätze« als Zentren kosmischer Lebensenergie: Stonehenge (England), Externsteine, Findhorn (Schottland), Kailash (»heiliger« Berg im Südwesten Tibets), Pyramiden, Atlantis, germanische Steinkreise ...
- Kontakte zu und Kommunikation mit Pflanzengeistern, Feen, Devas, Elfen, Gnomen ...

Esoterisches und Mystisches haben Konjunktur, wobei die Szene teilweise im Verborgenen, aber auch für jedermann sichtbar auf dem »Markt der Möglichkeiten« agiert. Einschlägige Fernsehsendungen, wie etwa »Mystery«, »Buffy – im Banne der Dämonen«, »Akte X«, »Ghost Whisperers – Stimmen aus dem Jenseits«, erfreuen sich großer Beliebtheit. Seit Juni 2004 bietet die in Berlin ansässige »Questico AG« über verschiedene regionale (über Satellit oder digital zu empfangende) Fernsehsender unter der Bezeichnung »Astro TV« einen besonderen esoterischen »Service« an.

Viele Stunden am Tag gibt es Beratung in Sachen Liebe, Beruf, Gesundheit oder Finanzen. Zuschauer können sich direkt (»Call-in«) an die im Studio sitzenden Wahrsager, Astrologen und KartenlegerInnen wenden, um ihre Probleme vorzutragen. Die Zeit für eine Beratung ist allerdings auf drei Minuten begrenzt.

Keine größere Buchhandlung kommt heute ohne eine gut ausgestattete Abteilung »Esoterik« aus. Der Umsatz mit entsprechenden Büchern, Zeitschriften und Materialien soll inzwischen in Deutschland pro Jahr fast sieben Milliarden Euro betragen.

Die jährlich stattfindenden »Esoterik-Messen« sind ein weiterer Hinweis auf die zunehmende Präsenz und Aktivität der Szene. Für das Jahr 2007 sind 19 solcher Messen in deutschen Großstädten geplant (z. B. in Mannheim, Karlsruhe, Köln, München, Stuttgart, Nürnberg, Braunschweig), mit vielfältigen Vorträgen, Workshops und Seminaren, die fast die ganze Spannbreite der oben genannten Kategorien abdecken.

3. Abgrenzung von Magie und Aberglaube

Vom Gesamtkomplex »Esoterik« müssen die Begriffe »Magie« und »Aberglaube« wegen inhaltlicher und struktureller Unterschiede abgegrenzt werden, obwohl es an manchen Stellen Berührungspunkte und Überschneidungen gibt. Aus diesem Grund werden auch im Sprachgebrauch der breiten Öffentlichkeit, besonders in den Massenmedien, die drei Termini oft unterschiedslos verwendet.

a) Magie

Das Wort »Magie« wird vom lateinischen *magia* abgeleitet, das wiederum auf das altpersische *magu* (= medischer Priesterstand) zurückgeht. Es ist eine Sammelbezeichnung für rituelle Handlungen, die auf die Beeinflussung von Ereignissen, Menschen und Natur abzielen. Dahinter steht ein bestimmtes magisches Weltbild, das von der Existenz geheimer Kräfte, Wesen und Mächte sowie kosmischer Gesetzmäßigkeiten ausgeht, die sich »Eingeweihte« zunutze machen können.

Zur Verwirklichung seines Vorhabens steht dem Magier ein bestimmtes Instrumentarium zur Verfügung, das er sich selbst geschaffen oder auch vorgefunden hat. Dazu gehören Beschwörungsformeln, mit denen versucht wird, Naturkräfte oder Geistwesen zu beherrschen und sich dienstbar zu machen. Bei Naturvölkern spielen auch Gesänge und rituelle Tänze eine Rolle, um z. B. in Trance zu fallen und so mit der Geisterwelt in Verbindung zu treten. In der magischen Praxis werden bisweilen auch Gegenstände wie Steine, Knochen, Fetische oder Götzenfiguren benutzt, denen eine besondere »Macht« zugemessen wird. Das Prinzip »pars pro toto« (= ein Teil steht für das Ganze) spiegelt die Überzeugung wider, dass zwischen Teilen, etwa abgeschnittenen Haaren oder Fingernägeln, und dem Ganzen, also dem Menschen, von dem sie stammen, eine geheimnisvolle Verbindung bestehe, die der Magier nutzen könne, um dem Betreffenden zu helfen oder zu schaden. Das gleiche Prinzip soll für die Abbilder einer Sache oder Person gelten, womit in diesem Zusammenhang auch das gefürchtete »Puppenstechen« im Voodoo erklärt wird.

Magische Vorstellungen und Praktiken sind ein Phänomen, das bei vielen Kultur- und Naturvölkern aller Erdteile durch die Jahrtausende hin anzutreffen war oder noch ist. Bei den altorientalischen Sumerern, Babyloniern, Chaldäern oder Ägyptern und den lateinamerikanischen Azteken, Maya und Inka war Magie Bestandteil ihrer Religion. In Ostasien, bei Chinesen, Tibetern, Mongolen, Koreanern und Japanern, ist das teilweise gegenwärtig noch der Fall. Aber auch Germanen, Kelten, Griechen und Römer wiesen in ihren religiösen Vollzügen magische Elemente auf.

Magische Kompetenz wurde nur bestimmten Menschen zugetraut, meistens Priestern oder Schamanen, von denen angenommen wurde, dass sie über geheimes Wissen und die entsprechenden Fähigkeiten verfügten. Sie hatten die Aufgabe, durch zeremonielles Beschwören von Göttern und Dämonen ihr Volk bzw. die Dorfgemeinschaft einschließlich des jeweiligen Herrschers vor Schaden zu bewahren oder von den Gottheiten das Wohlergehen aller zu erbitten. Außerdem mussten sie »Unerklärliches« erklären, die Zukunft deuten und die Glaubensvorstellungen ihrer Umwelt in ihren Zeremonien erkennbar zum Ausdruck bringen. Bei Naturvölkern mit entsprechender religiöser und sozialer Struktur geschieht das alles heute noch.

In Europa beschäftigten sich zu allen Zeitepochen Philosophen, Theologen und Naturwissenschaftler mit der Frage der Magie und ihrer Wirksamkeit und kamen zu ganz unterschiedlichen Beurteilungen. Dann gab es solche, die auf magischem Wege »ewige Jugend« erleben oder den »Stein der Weisen« (eine geheimnisvolle Substanz) finden wollten, um aus unedlen Metallen Gold zu machen.

In unserer Zeit werden magische Praktiken vor allem mit den Besessenheitsritualen der afro-brasilianischen Kulte Macumba und Candomblé, mit Voodoo und Santeria in der Karibik sowie in westlichen Ländern mit okkult-satanistischen Gruppen in Verbindung gebracht.

Während der Fußballweltmeisterschaft im Sommer 2006 in Deutschland erregte ein Schamane aus Ecuador Aufsehen und fand ein breites Medienecho. Der 37-jährige, aus dem Amazonasgebiet stammende Abram Tzamarenda Naychapi besuchte in seinem pittoresken Outfit alle zwölf Spielstätten und »reinigte« die Stadien mit dem »Ritual des Wasserfalls« von »negativen Schwingungen und bösen Geistern«. In alle vier Himmelsrichtungen gewandt, rezitierte er Beschwörungsformeln, stieß spitze Schreie aus und rammte seinen Speer in den Rasen.

Dem Verdacht, dass der Schamane die Stadien, in denen die ecuadorianische Mannschaft spielen sollte, durch das Vergraben einer besonderen Feder »verhext« habe, begegnete die BILD-Zeitung mit dem groß aufgemachten Bericht über einen Gegenzauber. Ein »Magier« aus Bremen hatte eine Voodoo-Puppe prepariert, um den »Zauber« zu neutralisieren. Der Magier erklärte: »Die kleine Stoffpuppe hat Power. Ich habe sie gleich noch mit einer Beschwörung belegt, die die Beine der Ecuadorianer schwer macht. Das funktioniert auch über große Entfernung« (BILD, 20. Juni 2006). Deutschland besiegte Ecuador am 20. Juni mit 3:0 Toren.

b) Aberglaube

Mitte April 2005 veröffentlichte das »Institut für Demoskopie Allensbach« die Ergebnisse einer Umfrage unter 1 027 Deutschen über 16 Jahre zum Thema »Gute und böse Vorzeichen – von Kleeblättern, Schornsteinfegern und schwarzen Katzen«. Die Daten wurden in einer Langzeitstudie erhoben, die auf Vergleichszahlen aus den Jahren 1973, 1980 und 2000 zurückgreifen konnte. Die Umfrage zeige, so das Institut, dass Menschen heute den Zeichen und Symbolen aus der Welt des Aberglaubens mehr Bedeutung beimessen würden als in den 70er-Jahren. Gemäß der 20 Fragen umfassenden Liste gaben 42 % (1973: 28 %) an, dass sie einem vierblättrigen Kleeblatt Beachtung schenken würden, 40 % (1973: 22 %) den Sternschnuppen und 28 % (1973: 17 %) der Zahl »13«. Immerhin meinten 6 %, dass es »Unglück bringt, Salz zu borgen«, und noch 1 %, dass man »keinen Buckligen berühren« sollte. Diese Umfrage bezog sich allerdings nur auf einen ganz kleinen Ausschnitt aus dem Komplex »Aberglaube«. Dieser umfasst ein sehr viel größeres Spektrum.

Das Wort »Aberglaube« stammt von dem mittelhochdeutschen Wort *abergloube* (*aber* = verkehrt, entgegengesetzt), also eigentlich »falscher Glaube« oder »Gegenglaube«. Der Begriff taucht erstmalig im 15. Jh. in einer Wiener Handschrift auf. Eine brauchbare Definition könnte lauten: »Der Aberglaube ist subjektiv und steht im Widerspruch zu besserem Wissen seiner Zeit sowie zu einem mehrheitlich vertretenen Glauben und lässt sich zumeist auf Reste früherer Glaubens- und Verhaltensregeln zurückführen« (Helmut Hiller, *Lexikon des Aberglaubens*, München 1986, S. 315). Heute verwendet man in der wissenschaftlichen Diskussion der entsprechenden Phänomene den Begriff »Aberglaube« kaum noch, sondern spricht eher von »Volksglaube«, da man hier Spuren alten Heidentums, des germanischen Götterglaubens und der Volksmedizin zu entdecken meint.

Abergläubische Überzeugungen und damit verbundene Verhaltensweisen oder Handlungen werden in ganz unterschiedlichen Bereichen erkennbar, unter anderem in folgenden:

- Abwehr von Schaden und Unglück:
  Hier spielen »Amulette« eine Rolle, also kleine, am Körper getragene Gegenstände aus Stein, Knochen, Holz oder Metall, die oft geheimnisvolle Zeichen und Symbole aufweisen. Man traut ihnen magische Kräfte zu, die den Träger vor schädlichen Einflüssen und Unheil schützen sollen. Fromme Menschen benutzen als Amulette bisweilen auch kleine Heiligenbilder, Marienmedaillons oder Ähnliches.
- Herbeiwünschen von Glück und Wohlergehen:
  Zur Erfüllung dieser Wünsche sollen »Talismane«, ebenfalls kleine, aus unterschiedlichen Materialien gefertigte Gegenstände, beitragen. Der Gebrauch von Talismanen stammt vermutlich aus Indien und hat sich über Persien und Arabien in alle Welt verbreitet. Zu den Glücksbringern zählen Abergläubische des Weiteren Maskottchen, Hufeisen, Glückspfennige oder »energetisch aufgeladene« Wollbändchen bzw. Kupferarmbänder am Handgelenk.
- Beachtung von Zahlen, Zeiten und Tagen:
  Unter diese Rubrik des Aberglaubens fällt die diffuse Ängstlichkeit vieler Menschen vor der Zahl »13« und besonders vor dem Datum »Freitag, der 13.«. Ganz vorsichtig sein mussten diese Personen am Freitag, den 13. Oktober 2006, da die Quersumme der Ziffern (13.10.2006) ebenfalls »13« ergab. Solch einen »Super-Unglückstag« hatte es zuletzt am 13. Januar 1520 gegeben.
  Die Dreizehn galt schon bei den Babyloniern als Zerstörerin einer angeblich existierenden, kosmischen Vollkommenheit, die durch die Zwölf symbolisiert wird. Deshalb findet man die »13« selten als Nummerierung von Hotelzimmern (stattdessen »12a«), als Sitzreihe in Flugzeugen oder Stockwerk in (amerikanischen) Hochhäusern. (In Ostasien fürchten sich Menschen in diesem Zusammenhang übrigens vor der »4«.)
  Beachtet werden von Abergläubischen auch Mondphasen oder die »Tage zwischen den Jahren«, d. h. zwischen Weihnachten

und Neujahr, und die Dinge, die man in dieser Zeit tun darf oder nicht.

- Zukunftsdeutung und Orakelwesen:
  Dies ist das Betätigungsfeld der (professionellen) Wahrsager, Kartenleger, Astrologen und Kaffeesatzleser, die von der allgemeinen Zukunftsangst und der Inanspruchnahme ihrer »Dienste« durch gar nicht so wenige Menschen gut leben können. Aber auch harmlosere Spielereien wie das Bleigießen zu Silvester oder das Gänseblümchenblätterzupfen sind hier zu nennen.
- Besprechen, Bannen und »Heilen«:
  Diese Szene ist die gefährlichste, weil abergläubische Menschen Gesundheit und Leben aufs Spiel setzen können, wenn sie sich mit ihren Problemen an Betrüger und Scharlatane wenden. Anfang der 70er-Jahre wurde für solche zwielichtigen Zeitgenossen der Begriff »Okkulttäter« geprägt.
  In diese Kategorie des Aberglaubens gehört auch das berüchtigte »6. und 7. Buch Mose«, eine aus dem Mittelalter stammende Sammlung von Zaubersprüchen und Anweisungen zum »Hexenbannen«, »Heilen« und »Beschwören von Geistern«. Zur Wiederherstellung eines tauben Gehörs wird Folgendes vorgeschlagen: »Nimm je eine Galle von einer Forelle, einem Aal, Hasen und Raben. Diese tue in ein neues Tongefäß, schütte etwas Branntwein darauf und bedecke es gut. Nun stelle man dieses Tongefäß in einen eisernen Topf mit kaltem Wasser und bringe es zum Kochen. Nachdem alles gut durchgekocht ist, lasse man es erkalten, seihe es durch ein Tuch und bewahre es in einer gut schließenden Flasche auf. Dem Patienten gebe man täglich zwei bis drei Tropfen in das taube Ohr. Dieses tue man so lange, bis sich das verlorene Gehör wiederfindet« (*6. und 7. Buch Mose*, Planet-Verlag, Braunschweig 1950, S. 167).

c) Kritische Anmerkungen

Magie und Aberglaube sind ein Nachhall aus der Frühzeit menschlichen Fragens und Suchens, archaische Fossilien aus einer heidnischen Welt, die auch in westlichen Ländern trotz Christentum und »Aufklärung« (das Prinzip vernunftgemäßen Denkens und Handelns) überlebt haben. Sie stehen im Widerspruch zu heute geltenden wissenschaftlichen Erkenntnissen und zu christlichen Glaubensüberzeugungen. Von magischem bzw. abergläubischem Denken geprägte Menschen hängen einem altertümlichen Weltbild an und glauben an die Wirksamkeit von Handlungen, die normalerweise als irrational gelten.

Zu den Hintergründen und Motiven gibt es bisher noch keine wissenschaftlich fundierte Untersuchung. Es lässt sich nur Folgendes vermuten: Wir leben in einer hoch technisierten Welt, deren Strukturen für die meisten Menschen nicht mehr durchschaubar sind, z. B. auf dem Gebiet der Medizin, Zukunftstechnologien und Naturwissenschaften. Der »Rationalität« bei Problemlösung und Krisenbewältigung versuchen daher viele ein Stück »Irrationalität« entgegenzusetzen. Das würde erklären, warum immer mehr Menschen beispielsweise von der Existenz und magischen Wirkung geheimnisvoller »Energien« und kosmischer Mächte überzeugt sind und behaupten, mit deren Hilfe das Alltagsleben meistern und die Zukunft gestalten zu können.

Im Bereich »Aberglaube« ist zu unterscheiden zwischen den eher harmlosen Spielarten (Kleeblatt, Sternschnuppen, Hufeisen u. a.) und den bedenklichen, gefährlichen Formen wie Astrologie, Kartenlegen, Wahrsagen, Wunderheilen usw. Die oft zwanghafte Abhängigkeit von den zuletzt genannten Dingen kann zu einem nicht mehr selbst bestimmten Leben führen und sogar psychische Schäden verursachen.

Christlicher Glaube ist mit keiner Art von Magie und Aberglaube vereinbar. Im Gegenteil: In der Ablehnung aller abergläubischen und magischen Praktiken ist die Bibel sehr eindeutig, weil sie Kennzeichen heidnischen Denkens und Ausdruck von Götzendienst sind und sich somit gegen Gott richten (vgl. 5. Mose 18; 3. Mose 19,26.31; Jesaja 44,9-20). Wenn sich Menschen mit Aberglaube und Magie beschäftigen, dann geht es dabei wesentlich um die Frage, worauf sie ihr Vertrauen setzen wollen: auf Gegenstände und Rituale, mit deren Hilfe angeblich Krankheit, Unzufriedenheit oder

Unglück abgewehrt bzw. Glück, Reichtum oder Gesundheit herbeigezwungen werden soll, oder auf Gott, den Schöpfer und Erhalter des Lebens, der uns so annimmt, wie wir sind, auch in aller Unvollkommenheit. »Der Abergläubische ist immer einsam und von Ängsten geplagt. Wenn die biblische Botschaft ihn erreicht, wenn die christliche Gemeinschaft ihn heimholt und ihm die rechte Seelsorge gewährt, wird Christus, der Herr über die Dämonen, auch bei ihm die Dämonen vertreiben« (Otto Böcher; in: *Deutsches Pfarrerblatt*, 15. Mai 1971, S. 311).

II. Fernöstliches im Westen

1. Karma und Reinkarnation

a) Beobachtungen

Vor dem Verwaltungsgericht Münster war es im November 1986 um einen etwas ungewöhnlichen Prozess gegangen. Eine junge, verheiratete Diplompädagogin hatte behauptet, durch ein sogenanntes »Wiederverkörperungserlebnis« plötzlich ihre »wahre Identität« gefunden zu haben. Demzufolge sei sie in einem früheren Leben eine Inderin namens »Rima« gewesen und könne nun mit den von ihren Eltern ausgewählten Vornamen Dagmar Luise Giesela nichts mehr anfangen; diese Namen seien ihr »wesensfremd«. Vom Ehemann und von ihren Freunden werde sie zwar schon »Rima« gerufen, das sei ihr aber zu wenig: Die »neue Identität« müsse auch im Personalausweis dokumentiert werden. Deren offizielle Nichtanerkennung bereite ihr nämlich Schlaflosigkeit und Magenbeschwerden.

Das Gericht entschied, dass der Glaube an die hinduistisch-buddhistische Lehre von der »Seelenwanderung« und die angebliche Offenbarung einer neuen »Identität« nicht zur Namensänderung in der Geburtsurkunde führten. Dieser Glaube sei kein wichtiger Grund im Sinne des Gesetzes, um in die Kontinuität der Namensführung einzugreifen. Im privaten Bereich könne die Klägerin aber, wie schon bisher, als »Rima« gelten (Aktenzeichen: 1 K 2269/85, Frankfurter Rundschau, 17. November 1986).

Ein zweijähriger, spanischer Junge namens Osel Iza Torres aus Alpujarras, der von tibetischen Mönchen als die Reinkarnation des 1984 in Kalifornien verstorbenen Lama Thubten Yeshe gesehen wird, ist im nordindischen Dharmsala in das Amt eines Lama eingeführt worden. Gleichzeitig wurde er Nachfolger Thubtens als

Vorsteher eines buddhistischen Klosters in Nepal. Der Junge hatte sich vorher schon in anderen buddhistischen Zentren (seine Eltern leiten ein solches in Spanien) verschiedenen Zeremonien und Prüfungen unterziehen müssen.

Für die Anhänger des tibetischen Buddhismus steht die »Reinkarnation« Thubten Yeshes in dem kleinen Spanier außer Frage. »Sein Auftreten und einige Gesten sind wie bei Thubten«, meinte eine Frau, die den verstorbenen Lama gekannt hatte. Da lebe die Seele eines 40-jährigen Mannes im Körper eines Kindes. Auch der Dalai Lama habe diese Reinkarnation schon anerkannt (Frankfurter Allgemeine Zeitung, 19. März 1987; Süddeutsche Zeitung, 25. Oktober 1986).

Die amerikanische Schauspielerin Shirley McLaine veröffentlichte im Sommer 1986 ein Buch mit dem Titel *Dancing in the Light*«, in dem sie von einigen ihrer früheren Leben erzählt. Shirley berichtet darin: »Ich war Tänzerin in einem Harem. Ich war ein meditierender Mönch. Ich war eine russische Ballerina. Ich war ein Japaner im Kimono. Ich war ein mongolisches Nomadenmädchen. Ich war ein russischer Soldat. Ich war ein Inkajunge in Peru« (*Stern*, 26. Juni 1986, S. 26f).

Die Zeitschrift *esotera* berichtete im Juli 2000, dass Shirley McLaine außerdem eine »Affäre mit Karl dem Großen« gehabt haben wollte. »In einem Interview in der (amerikanischen) TV-Sendung ›60 Minutes‹ wurde sie jetzt ganz konkret. Vor rund 1 200 Jahren will sie in ihrer damaligen Inkarnation eine Affäre mit Karl dem Großen gehabt haben. Aber nicht nur das. Sogar in ihrem derzeitigen Leben habe sie die Freuden der Liebe mit dem Frankenkaiser genossen: in dessen späterer Inkarnation als Olof Palme, dem 1986 ermordeten schwedischen Ministerpräsidenten.«

Der Comedian und TV-Entertainer Hans-Peter »Hape« Kerkeling beschreibt in seinem 2006 erschienenen Buch *Ich bin dann mal weg* eine Pilgerreise auf dem Jakobsweg nach Santiago de Compostela in Spanien. Unter anderem berichtet Kerkeling darin auch von seiner Teilnahme an einem »Reinkarnationsseminar« in Frankfurt/M. Er habe nach der Behandlung durch einen Therapeuten das Gefühl gehabt, schon einmal gelebt zu haben und als Franziskanermönch am Ende des Zweiten Weltkrieges in einem Kloster in der Nähe von Breslau von deutschen Soldaten erschossen worden zu sein. So jedenfalls habe er die visionären Bilder gedeutet, die während der Sitzung auftauchten.

Als die BILD-Zeitung am 30. Mai 2006 diesen entsprechenden Auszug aus dem Buch abdruckte, gab es ein breites, öffentliches Echo, in dem zahlreiche Leser ebenfalls von ihren früheren »Inkarnationen« berichteten. Auch Prominente wurden mit der Behauptung zitiert, schon einmal gelebt zu haben. Uschi Glas: »Ich habe schon mal in Hongkong gelebt. Bei meiner ersten Reise dorthin erkannte ich eigentümlich eingefärbte Kacheln wieder.« – Franz Beckenbauer: »Ich habe sicher schon einige Male gelebt. Unter anderem als Tier und als Pflanze.« – Veronica Ferres: »Ich war ein Delfin ...« – Katerina Jacob: »Ich habe im Jahre 800 als Nonne in einem Kloster gelebt.« – Gotthilf Fischer: »Ich war zur Zeit Beethovens ein Kuschelbär, der dauernd in den Arm genommen wurde.« – Ruth-Maria Kubitschek: »Ich war im 17. Jahrhundert Mätresse eines französischen Herzogs.« – Madonna: »Ich war ganz sicher in einem früheren Leben ein chinesischer Kaiser.« – Tina Turner: »... ich war die ägyptische Königin Hatschepsut« (*BILD*, 31. Mai 2006).

Was diese geschilderten Einzelerlebnisse trotz äußerer Distanz eng miteinander verbindet, ist der Glaube an die »Reinkarnation«. Dabei geht es, kurz gesagt, um die Vorstellung, ein bestimmtes, unsterbliches Element des Menschen (»Seele«, »Selbst«, »Ich«, »Bewusstsein« o. Ä.) könne bzw. müsse sich nach dessen Tod innerhalb kürzerer oder längerer Zeit erneut in einem anderen lebenden Wesen »inkarnieren« (verkörpern).

Normalerweise werden solche Dinge zu den asiatischen Religionen gezählt. Aber auch im Westen erfährt diese Idee seit einigen Jahren eine stärker werdende öffentliche Beachtung und Popularität. In esoterischen Gruppen wie Theosophen, Anthroposophen, Rosenkreuzer oder in spiritualistischen Sekten wird dieses Gedankengut schon seit Jahrzehnten gepflegt. Besonders das angeblich nun aufkommende neue »Zeitalter des Wassermanns« (New Age) bietet einen günstigen weltanschaulich-spirituellen Nährboden, auf dem sich die Reinkarnationsvorstellungen weiter ausbreiten können.

b) Fernöstliche (hinduistische und buddhistische) Vorstellungen von der Wiederverkörperung

Das Modell von »Karma« und »Reinkarnation« ist in Indien entwickelt worden, und zwar im brahmanisch-hinduistischen Kontext. Später wurde dieses Konzept auch vom Buddhismus übernommen, jedoch etwas anders interpretiert, sodass diese beiden Ansätze getrennt betrachtet werden müssen.

Religionswissenschaftler nehmen an, dass sich entsprechende Vorstellungen schon in den zwischen 800 und 600 v.Chr. entstandenen *Upanischaden* finden, einer Textsammlung von zunächst geheimen brahmanischen Abhandlungen über religiöse Fragen, Opferkulte und Priestertum. Hier gibt es Hinweise darauf, dass die »Seele« mehrfach in einem neuen Körper wiedergeboren werde und dass der Mensch alle Folgen seiner Taten in diesem bzw. einem zukünftigen Leben tragen müsse. Es gebe aber auch Wege, diesen Kreislauf von Leben, Sterben und Wiederverkörperung zu beenden und Erlösung zu erlangen. Später, in der *Bhagavad-Gita*, dem »Gesang des Erhabenen« (Krishna) aus dem Hindu-Epos *Mahabharata* (zwischen 400 v.Chr. und 400 n.Chr.), spricht »Gott Krishna« zu Arjuna: »Wie die Seele bereits in diesem Körper Kindheit, Jugend und Alter hat, so geschieht es auch, dass sie einen anderen Körper ergreift. Der Weise wird daran nicht irre.« Und: »Dem Geborenen ist der Tod gewiss, dem Toten ist die Geburt gewiss. Darum sollst du über eine unvermeidliche Sache nicht trauern« (II, 13 und II, 27; Sarvapalli Radhakrishnan, *Die Bhagavadgita*, Wiesbaden o. J., S. 118 u. 124).

In den wichtigsten Strömungen des Hinduismus wird davon ausgegangen, dass die Menschen eine unsterbliche »Seele« in sich tragen, eine Art göttlichen Funken (= »atman«), der in seiner Substanz mit der göttlich-kosmischen All-Seele (= »brahman«) identisch sei. Das »brahman« ist demnach die absolute, ewige und unveränderliche Realität hinter allem Sichtbaren und Unsichtbaren, womit auch der »atman« keinen Anfang und kein Ende hat. Die in den Menschen befindlichen »Seelen« werden quasi als Emanationen des »brahman« in die Welt der Materie und Gefühle (= »maya«) hineingedacht, mit der sie aber von der Substanz her nichts gemein haben.

Wenn der physische Körper am Lebensende alt und verbraucht ist, wird er im Augenblick des Todes von der Seele abgestreift, wie man alte Kleider ablegt. Irgendwann nimmt er dann einen neuen Körper an, so glaubt der Hindu. Es wird also eine weitere Inkarnation vollzogen, was allerdings nicht freiwillig geschieht. Hier kommt nun das kosmische Prinzip der Kausalitätsvergeltung, das Gesetz des Karmas, in den Blick.

Der Begriff »karma« ist von der Sanskrit-Wurzel *krm* (= tun) abgeleitet und bedeutet »Tat«. In der brahmanischen Literatur wurde damit zunächst das auf die Opferhandlungen bezogene Tun der Priester bezeichnet. Später verstand man unter »karma« auch ganz allgemein die Früchte bzw. Folgen des menschlichen Tuns, und zwar in positiver wie negativer Hinsicht: Alles, was ein Mensch tut, in Gedanken, Worten und Werken, hat spürbare Auswirkungen. Weitere Aspekte in der Ausformung des Karma-Konzeptes bezogen sich darauf, dass die Ergebnisse menschlicher Handlungen in einer Art kosmischem »Gedächtnis« (»Akasha-Chronik«) gespeichert würden und nicht nur für ein gegenwärtiges Leben Bedeutung hätten, sondern auch mit vergangenen und zukünftigen Existenzweisen in Verbindung zu bringen seien, also mit der Reinkarnation. Schließlich gilt: Angehäuftes Karma, egal ob positiv oder negativ, muss zwanghaft zum Ausgangspunkt für eine neue Inkarnation werden und gleichzeitig bestimmen, in welcher Form diese geschieht.

Positives Karma bewirkt eine Höherstufung: Wer z. B. als Angehöriger einer niederen Kaste viel Gutes getan hat, darf damit rechnen, in einer folgenden Reinkarnation vielleicht als Brahmane zu leben. Negatives Karma dagegen bedeutet Abstieg: Entweder wird man auf einer niedrigeren Stufe menschlicher Existenz wiedergeboren oder sogar in einem Tier bzw. in einer Pflanze. Erst wenn kein gutes oder schlechtes Karma mehr produziert wird, kann der »atman« im »brahman« wie ein Wassertropfen im Meer aufgehen: Die Erlösung vom ewigen Kreislauf ist geschafft. Normalerweise aber rechnet ein Hindu damit, dass sich das Rad seiner Reinkarnationen (= »samsara«) millionenfach dreht und er immer wieder dem Gesetz der kausalen Vergeltung unterworfen wird.

Sehr viel schwieriger zu verstehen ist die Vorstellung von Karma und Reinkarnation in den verschiedenen Richtungen des Buddhismus, da die buddhistische Überzeugung keinen unvergänglichen Teil des Menschen (dem »atman« vergleichbar) postuliert, der von Existenz zu Existenz wandern könnte. Der empirische Mensch ist demnach vielmehr aus fünf »Daseinsfaktoren« (= »skandhas«) zusammengesetzt, nämlich dem materiellen Leib, den Empfindungen (Freude, Leid usw.), den Wahrnehmungen (Hören, Sehen, Riechen usw.), den Gestaltungen (Geiz, Mitleid, Wille usw.) und dem individuellen Bewusstsein. Eine von diesen Faktoren unabhängige ewige »Seele« bzw. einen »Personenkern« gibt es nicht. Die fünf »skandhas« werden nun aber dafür verantwortlich gemacht, dass das jeweilige Individuum Karma produziert und so das Rad der Inkarnationen in Gang hält. Dabei sind zwei Elemente die Hauptantriebskraft: die Gier, auch »Lebensdurst« genannt, und die Unwissenheit, das heißt im weiteren Sinne das Nichtkennen der buddhistischen Lehre, im engeren Sinne das Nichtkennen der Ursachen von Lebensdurst und Leiden. Im Hinblick auf das Karma-Konzept ist weiterhin die Vorstellung wichtig, dass nicht so sehr eine Handlung als solche bewertet wird, sondern die dahinterstehende Absicht. So kann das menschliche Bewusstsein im karmischen Sinne positiv, negativ oder neutral geprägt werden.

Wer oder was aber inkarniert sich nun bei einer neuen Verkörperung? Wer ist der Erbe der Taten einer vergangenen Existenz? Derjenige, der sie tat, oder ein anderer, der dann fremdes Karma erben würde? Der buddhistische Versuch einer Antwort lautet: Weder ist es derselbe noch ist es ein anderer. Im Bild verdeutlicht meint dies: Der Säugling wird Kind, das Kind wird ein erwachsener Mensch. Der Erwachsene ist nicht derselbe wie der Säugling, aber auch nicht ein ganz anderer. Oder: »Eine Kerze wird am Abend entzündet und brennt bis zum Morgen. War die Flamme am Abend, um Mitternacht und in der Frühe dieselbe Flamme, oder war sie jedes Mal eine andere?« (Hans-Jürgen Greschat, *Die Religion der Buddhisten*, München 1980, S. 71).

Der Indologe Hans W. Schumann hat es so auszudrücken versucht: »Nach dem Tode eines Wesens geht das gute, schlechte oder neutrale Bewusstsein in einen entsprechend guten, schlechten oder neutralen Mutterschoß ein und setzt in diesem die Entstehung ... einer neuen empirischen Person in Gang. (...) Das Bewusstsein ist also keine Seele, kein Selbst, das in die neue Existenzform überwechseln könnte. Es wirkt lediglich wie ein Katalysator, der einen chemischen Prozess auslöst, im Endprozess aber nicht mehr enthalten ist. (...) Die wiedergeborene Person entwickelt ein eigenes Bewusstsein, das mit dem ihrer Präexistenz nicht identisch ist« (Hans W. Schumann, *Buddhismus*, Freiburg 1981, S. 84f).

Nach dieser Definition stößt also eine karmische Existenz die nächste an, wie etwa eine Billardkugel eine andere in Bewegung setzt, ohne dass »etwas« von einer Kugel zur anderen »wandert«. Es wird nur die Kontinuität des Strömens der »Daseinsfaktoren« aufrechterhalten, also das Entstehen und Vergehen.

Trotz der offensichtlich nicht zu klärenden Frage nach der Identität zwischen den Wesen einer Inkarnationsreihe glauben die Buddhisten dennoch sehr genau zu wissen, dass die neuen Verkörperungen in sechs Bereichen geschehen können: in dem der Götter, der Menschen, der Hungergeister, der Tiere, der Dämonen und der höllischen Welt. Besonders im tibetischen Buddhismus werden die Umstände der jeweiligen Verkörperung fantasievoll und farbenprächtig ausgemalt.

Das Heilsziel der Buddhisten, die erstrebte Erlösung, wird als »Nirwana« (= verweht, erloschen) bezeichnet, ein Zustand, der sich nicht beschreiben lässt. Er meint das Zerreißen der Inkarnationskette, die Befreiung von »samsara«, ein glückseliges »Verlöschen«. Der Erlöste geht in die große Leere ein. Vergleichbar ist dies mit einer ausgelöschten Flamme, von der man nicht sagen kann, wo sie sich befindet. Als positive Aspekte des Nirwana werden z. B. Freude, Wonne, Seligkeit oder höchstes Glück der Empfindungslosigkeit genannt. Als negativ werden beispielsweise Vernichtung von Leiden, Hass und Verblendung, Aufhören des Lebensdurstes und Wunschlosigkeit gesehen.

c) Adaptionen von Karma und Reinkarnation im Westen

Anhänger der Theorie von Karma und Reinkarnation vertreten beharrlich den Standpunkt, dass auch im frühen Christentum daran geglaubt wurde, dass aber »intolerante« Konzilien (etwa Konstantinopel im Jahr 553 oder Braga [heute Portugal] im Jahr 561 n.Chr.) diese Auffassungen unterdrückt und abgeschafft hätten.

Diese Fragestellung kann hier jetzt nicht diskutiert werden. Nur so viel: Es ist durchaus richtig, dass griechische Philosophen wie etwa Pythagoras (um 570–510 v.Chr.) oder Plato (428/427–348/347 v.Chr.), die von einem dualistischen Verständnis des Menschen als sterblichem Leib und unsterblicher Seele ausgingen, über eine »Seelenwanderung« spekulierten. Dies geschah aber wahrscheinlich unter dem Einfluss religiöser Strömungen aus Indien, die zu jener Zeit erstmalig den Mittelmeerraum erreichten.

Auch im frühchristlichen Kontext sind solche Vorstellungen hin und wieder aufgetaucht (in Verbindung mit der griechischen Philosophie), waren jedoch nie als »christliche Lehre« verstanden worden.

Auf dem Konzil zu Konstantinopel 553 n.Chr. ging es zudem auch *nicht* um die Theorie von Karma und Reinkarnation, sondern um die Frage der »Präexistenz der Seele«. Beschluss des Konzils: »Wer sagt ..., die Menschenseelen hätten ein Vorleben gehabt oder sie seien zuvor Geister gewesen, die, der göttlichen Anschauung satt, sich dem Bösen zugewandt hätten ... und seien zur Strafe dafür in die Körper gebannt worden, der sei ausgeschlossen« (Neuner-Roos, *Der Glaube der Kirche*, S. 325).

Auch die von Reinkarnationsvertretern angeführten biblischen Stellen (z. B. Matthäus 16,10-13 und Johannes 9,1-3) haben mit dem Konzept von Karma und Reinkarnation nichts zu tun, wie jede gründliche Exegese bestätigen dürfte (vgl. Rüdiger Hauth, *Kleiner Sektenkatechismus*, Witten [8]2005, S. 27-31).

Des Weiteren wird vorgebracht, dass sich auch bedeutende Dichter und Denker mit dem Thema beschäftigt hätten, unter ihnen etwa Lessing, Goethe, Kleist, Wagner und Hauptmann, um nur das deutsche Umfeld zu nennen. Das Faktum als solches ist wohl unbestritten; was aber sagt die Tatsache, dass diese Menschen über diese Dinge nachdachten, über den Wahrheitsgehalt von Karma und Reinkarnation aus?

Es war eingangs schon erwähnt worden, dass es gegenwärtig auch im Westen zahlreiche Gruppen gibt, zu deren Grundüberzeugung die Theorie der Reinkarnation gehört. Eine der wichtigsten davon ist sicher die Anthroposophie Rudolf Steiners. Dessen Konzept soll hier, gerade weil es auch in einigen Punkten von der indischen Vorlage abweicht, als Beispiel für die westliche Adaption kurz skizziert werden.

Anders als in den indischen Religionen werden die Wiederverkörperungen bei Steiner nicht unter dem Gesichtspunkt der Läuterung, sondern unter dem der Fort- und Höherentwicklung gesehen, was wiederum mit seinem Menschenbild zusammenhängt. Der Mensch wird in vier Glieder unterteilt: in den »physischen Leib« (Ebene der Mineralwelt), »Ätherleib« (Ebene der Pflanzenwelt: Wachstum, Fortpflanzung), »Astralleib« (Ebene der Tierwelt: Triebe, Begierden, Schmerz) und in das »Ich« (Individuum, Geistperson).

Nach Steiner besteht nun die Bestimmung des Menschen darin, die höchste Seinsstufe, d. h. die vollkommene Vergeistigung, durch eine kontinuierliche Spiritualisierung aller vier Glieder des Menschen zu erreichen. Der zurzeit noch herrschende Dualismus zwischen Stoff und Geist wird dann mit dem Sieg des Geistes über die Materie aufgehoben sein. Dieses ist jedoch für die Menschheit als Ganzes und für jeden Einzelnen ein langer Weg. Ein normales Menschenleben auf dieser Erde reicht nicht aus, auch eine längere Zeitepoche nicht. Deshalb ist die ständige Wiederkehr des unsterblichen Personenkerns (des »Ich«) notwendig, um an sich zu arbeiten und in der geistigen Entwicklung weiter voranzuschreiten.

Vom konkreten Vorgang der Reinkarnation hatte Steiner folgende Vorstellung, die er besonders in seinem Buch *Theosophie* entfaltete (Stuttgart 1962, S. 45ff): Im Tode trennen sich Geist und Seele vom physischen Körper und steigen, beide noch miteinander verbunden, in die höheren Welten auf. Da die Seele das Bindeglied zwischen dem Leib und dem Geist war, bedrückt sie den Geist noch mit den Nachwirkungen der leiblichen Empfindungen von Lust und Unlust, Freude und Schmerz. Damit der Geist aber ganz frei werden und höher aufsteigen kann, muss er sich auch von der Seele trennen. Das geschieht dadurch, dass die Seele in den sieben Regionen der »Seelenwelt« zurückbleibt und sich dann auflöst.

Hat sich der Geist von der Seele getrennt, beginnt er selbst seinen Weg durch die sieben Regionen des »Geisterlandes«, wobei er auf jeder Stufe an sich arbeitet. Auf der höchsten Stufe erhält der Geist Einsicht in seine vergangenen und zukünftigen Leben (er liest in der Akasha-Chronik). Er kann dann selbst und in Ruhe die karmischen Früchte seines letzten Lebens verarbeiten. Außerdem wirkt der Geist im Geisterland unter Aufsicht höherer Wesenheiten auch an der Umgestaltung der Erde mit, denn eine Reinkarnation ist erst dann möglich, wenn die Welt sich so verändert hat, dass der zurückkehrende Geist neue Entwicklungsmöglichkeiten vorfindet. Im Allgemeinen inkarniert sich das »Ich« innerhalb eines Weltzeitalters (2160 Jahre) einmal als Mann und einmal als Frau. Eine Inkarnation in Tierkörpern ist nicht möglich.

Vor der Reinkarnation zieht der Geist Astralmaterie an und gestaltet den zukünftigen »Astralleib«, für den der Mensch selbst verantwortlich ist, den er nur seinem Karma verdankt. Bei der Bildung des neuen »Ätherleibes« wirken die Volksgeister mit, da durch diesen Leib der Mensch in sein neues Volk und seine neue Familie hineingeboren wird. Kurz vor dem Eintauchen des »Ätherleibes« in den physischen Körper bekommt der Mensch noch einen kurzen Ausblick auf sein kommendes Leben.

Nach Steiners Meinung ist die persönliche Freiheit des Menschen durch das Gesetz von Karma und Reinkarnation nicht sehr beeinträchtigt: »Wir tragen in uns die Wirkungen vergangener Taten, und wir sind die Sklaven der Vergangenheit, aber die Herren der Zukunft« (*Theosophie des Rosenkreuzers* [Vorträge 1907], 1962, S. 76f).

d) Zwischenbilanz

Die Reinkarnationstheorie gehört zu den großen Themen der Religionsgeschichte und bildet oft den Kernbestand einer religiösen Weltdeutung. Für Hunderte von Millionen Hindus und Buddhisten ist sie das Verstehensmodell für das menschliche Einzelschicksal und das umfassende Geschehen im Kosmos schlechthin. Es geht um Fragen, die den Menschen wohl seit Anfang an bewegt haben: Was hat es mit dem Geheimnis von Leben und Tod auf sich, was mit der Entstehung und dem Schicksal dieser Welt, mit der menschlichen Existenz vor und nach dem irdischen Dasein, mit Leid und Schuld, mit dem Sinn der ganzen kosmischen Ordnung? Hunderte von Millionen Menschen finden durch das Konzept von Karma und Reinkarnation Antworten darauf, warum die Welt so vielgestaltig strukturiert ist, warum Pflanzen, Tiere und Menschen existieren, warum es manchen Bösen gut und manchen Guten so böse ergeht. Oder warum es überhaupt Leid und Glück, Freude und Schmerz in der Welt gibt und dann anscheinend noch so ungerecht verteilt ist und vieles andere mehr.

Es werden aber nicht nur Erklärungen bereitgestellt, sondern gleichzeitig auch Hoffnungen vermittelt. Wenn es in diesem gegenwärtigen Leben nicht so recht klappt, besteht die Möglichkeit, dass in einer zukünftigen Inkarnation alles besser wird; Dinge, die man jetzt versäumt, können dann nachgeholt, Schuld kann ausgeglichen werden. Für westliche Anhänger steht allerdings nicht dieser Lohn-, Straf- und Läuterungsgedanke so sehr im Vordergrund, sondern die Weiter- und Höherentwicklung bis hin zur eigenen Vergeistigung bzw. Vergöttlichung.

Sosehr sich das Deutungsmodell von Karma und Reinkarnation auch bemüht, alles plausibel zu machen und zu erklären, müssen doch viele Fragen ohne Antwort bleiben. Der katholische Theologieprofessor Hans Küng hat in seinem Buch *Ewiges Leben?* einige davon formuliert, und zwar 1) »retrospektiv« und 2) »prospektiv«.

Zu 1: Hier geht es beispielsweise um die Frage, ob die Lebensvollzüge heutiger Menschen wirklich durch angebliche frühere

Existenzweisen erklärt werden können, besonders auch im Zusammenhang einer Verhältnisbestimmung von den angeblich durch Karma festgelegten Faktoren im Menschen und den nicht karmischen Elementen wie biologisches Erbe, Erziehung, Umwelt usw. Küngs wichtigster Aspekt lautet: »Wenn im Allgemeinen ein radikales Vergessen des früheren Lebens angenommen werden muss, wird dann die Identität eines Menschen gewahrt und hilft es mir tatsächlich zu wissen, dass ich schon einmal gelebt habe?«

Zu 2: Eine der Fragen lautet: »Kann gerade im Buddhismus die alte indische Lehre von der Seelenwanderung wirklich überzeugend mit der neuen Lehre von der Seelenlosigkeit des Menschen verbunden werden? Ist es nicht ein Widerspruch, wenn die buddhistische Nicht-Ich-Lehre ein kontinuierliches Subjekt leugnet, während die altindische Wiedergeburts- und Karmalehre ein solches Subjekt fordert? Wie also soll die Identität ohne ein Ich bewahrt werden können?« (Hans Küng, *Ewiges Leben?*, München 1982, S. 86f).

e) Reinkarnation und christlicher Glaube

Wenn etwa Anthroposophen beharrlich die Meinung vertreten, Wiederverkörperungslehre und christlicher Glaube ließen sich miteinander vereinbaren, und wenn, wie Meinungsumfragen ergeben haben, auch einige Christen mit der Vorstellung von Reinkarnation sympathisieren, dann muss doch noch einmal deutlich auf den unüberbrückbaren Gegensatz zwischen diesen beiden Überzeugungen hingewiesen werden.

Zunächst ist festzustellen, dass es sich bei dem Konzept von Karma und Reinkarnation um eine Theorie handelt, für die es keinerlei Beweise gibt. Wenn nun Anhänger dieser Theorie sagen, dass auch der christliche Glaube nicht zu beweisen sei, so ist das richtig. Der Unterschied besteht jedoch darin, dass der christliche Glaube auch gar nicht nach Beweisen Ausschau hält, da seine Intention eine ganz andere ist. Im Gegensatz dazu versuchen die Anhänger der Reinkarnationsidee aber ständig, diese durch Experimente, »Rückführungen«, Parapsychologie, Meditation und andere Dinge zu untermauern.

Im Einzelnen: Im Gegenüber zum kreisförmigen Grundprinzip hinduistischer und buddhistischer Lehren ist die jüdisch-christliche Glaubenstradition von einem linearen Denken bestimmt, d. h., es gibt einen Anfang der (Heils-)Geschichte und ein Ende. Von dieser Prämisse her ist auch das Welt- und Menschenbild geprägt, ausgehend von einem Gegenüber von Schöpfer und Geschöpf. Die Welt, in der wir leben, ist nicht Täuschung (»maya«) und Gefängnis der Seelen, dem es zu entkommen gilt, sondern Gottes gute und von den Menschen zu bewahrende Schöpfung.

Der Mensch als Geschöpf bildet eine Einheit von Körper, Seele und Geist, die in ihrer Gesamtheit normalerweise, gemäß biblischem Zeugnis, in einem sündhaften Zustand vor Gott existieren. Es gibt also keinen Dualismus wie im hinduistischen Denken zwischen einem angeblich göttlich-unveränderten Kern des Menschen und seiner vergänglichen Leibessubstanz.

Die christlich-jüdische Tradition betont die unverwechselbare und unwiederholbare Einmaligkeit des individuellen irdischen Lebens: Dieses ist als Ganzes der »kairos« des Menschen. Hier hat es sich zu entwickeln, zu bewähren, zu entscheiden, zu »glauben« (oder auch nicht) und zum Abschluss zu kommen, mit einem Wort: zu leben und zu sterben. Das Zeugnis des christlichen Glaubens kennt kein »Davor« mit Erfolgen oder Verfehlungen und kein »Danach« mit neuen Chancen. Nach Tod und Auferstehung kommt das »Gericht«, die Verantwortung des Geschöpfs vor seinem Schöpfer.

Der christliche Glaube verwirft auch alle menschlichen, letztlich zum Scheitern verurteilten Selbsterlösungsversuche, die für den Hinduismus, den Buddhismus und die entsprechenden westlichen Gruppierungen (auch für Rudolf Steiners Ansatz) charakteristisch sind. Stattdessen wird auf das Angebot Gottes für die Menschen hingewiesen, das Heil in Jesus Christus anzunehmen. Keiner kann sich selbst aus dem Sumpf von Versagen und Hass, von Leid, Terror, Chaos, Verblendung oder Egoismus herausziehen; er braucht vielmehr eine Hand, die sich ihm von außen hilfreich entgegenstreckt. Der christliche Glaube bezeugt diese versöhnende und rechtfertigende Hand Gottes und kennt deshalb kein mechanistisch, aber »gerecht« und »ausgleichend« wirkendes Kausalgesetz.

Die Reihe jeder Einzelaspekte ließe sich noch verlängern. Es ist aber jetzt schon deutlich geworden, dass es sich bei der Theorie von Karma und Reinkarnation einerseits und dem christlichen Glauben andererseits um nicht vereinbare Ansätze handelt, die keinen Kompromiss ermöglichen und auch einen »Dialog« kaum sinnvoll erscheinen lassen.

Literatur

- Helmut Zander, *Geschichte der Seelenwanderung in Europa. Alternative religiöse Traditionen von der Antike bis heute*, Darmstadt 1999
- Hans Torwesten, *Sind wir nur einmal auf Erden? Die Idee der Reinkarnation angesichts des Auferstehungsglaubens*, Freiburg im Breisgau/Basel/Wien 1983
- Jan Badewien, *Reinkarnation. Treppe zum Göttlichen?*, Konstanz 1994
- Reinhart Hummel, *Reinkarnation*, Mainz/Stuttgart 1988

2. Yoga

a) Theorie und Praxis

Zu den bekanntesten Elementen, die dem Umfeld indischer Kultur bzw. Religiosität entstammen und inzwischen den Weg in den Westen gefunden haben, gehört auch der »Yoga«. Immer mehr Menschen in der westlichen Welt wenden sich aus unterschiedlichen Motiven yogischen Praktiken zu (für Deutschland wurden 2006 von der »Yoga-Gesellschaft« fast drei Millionen »Übende« geschätzt), ohne häufig zu wissen, was Yoga eigentlich ist. Die einen halten ihn für eine Art *Gesundheitsgymnastik*, andere für eine *neutrale Meditationstechnik*. Letzteres scheint auch der Grund dafür zu sein, dass Yoga häufig in den Programmen kirchlicher Bildungsstätten zu finden ist, da er angeblich dem christlichen Glauben nicht widerspreche.

Gerade die Behauptung, Yoga-Praxis und christlicher Glaube seien miteinander vereinbar, kommt verschiedentlich in der Werbung hinduistischer Gruppen zum Ausdruck, die Yoga im Westen verbreiten wollen. So meinte etwa das »Sivananda-Yoga-Zentrum« München: »Yoga und Christentum sind in gegenseitiger Harmonie. Es gibt zwischen ihnen keinen Streit, keine Konfrontation. Yoga ist Christentum im wahren Sinne des Wortes. Denn Christus kam, um den Menschen den Pfad zu Gott zu zeigen. Yoga ist dieser praktische Pfad zu Gott. Das ist die einfache Wahrheit« (*Sivanda Yoga Journal*, Juni 1983, S. 9).

Das Wort »Yoga« ist von der Sanskrit-Wurzel *yuj* abgeleitet, die mit »anbinden« oder »anjochen« übersetzt werden kann und mit dem deutschen Wort »Joch« (bzw. lat. *iugum*) verwandt ist.

»Yoga« würde also einen »Akt des Anjochens« bedeuten, oft gemeint als ein Anjochen von Körper und Geist an das Absolute, d. h. an das personal oder apersonal definierte »Göttliche«.

Es ist nicht möglich, das Entstehen des Yoga zeitlich genauer zu bestimmen. Urformen yogischer Techniken (z. B. Sitz- und Atemübungen) sollen jedoch schon im 3. Jahrtausend v.Chr. in der Indus-Kultur von »Harappa« und »Mohenjo-Daro« praktiziert worden sein. Die *Dalit Voice*, eine Zeitschrift der Kastenlosen in Indien, geht in einer entsprechenden Analyse (September 1989) noch weiter (»Yoga appears as a link of the great Indo-African culture«) und möchte eine Verbindung zu altägyptischen Riten herstellen.

Die Ausprägung der verschiedenen, heute bekannten Yoga-Wege, bei denen bestimmte philosophische und religiöse Lehren mit ethischen Vorschriften und körperlichen Übungen verknüpft oder jeweils auch nur einzelne der genannten Aspekte betont werden, ist jedoch eindeutig im Rahmen des Hinduismus erfolgt. So begegnet der Terminus »Yoga« bereits in den klassischen Schriften dieser indischen Religion, z. B. in den *Upanischaden* (Katha Up II, 12 und Taittiriya Up II, 4) und in der *Bhagavad-Gita* (XI. 53-55, Radhakrishna-Ausgabe).

Den gewiss wichtigsten Beitrag zur Systematisierung der bis zur Zeitenwende entstandenen vielfältigen Formen, Techniken und Vorstellungen des Yoga leistete ein gewisser *Patanjali* mit seinen 150 n.Chr. verfassten *Yoga-Sutras*. Von ihm selbst ist fast nichts bekannt; er soll mit dem »Grammatiker« gleichen Namens nicht identisch sein. Es wird vermutet, dass Patanjali »zwischen dem 2. vorchristlichen und dem 4. nachchristlichen Jahrhundert gelebt haben muss« (Patanjali, *Die Wurzeln des Yoga. Die Yoga-Sutren des Patanjali mit einem Kommentar von P. J. Deshpande*, hrsg. v. Bettina Bäumer, Bern/München/Wien ^{4}1982, S. 9).

Bei den genannten *Yoga-Sutras* (*sutra* = Merkspruch, Richtschnur) handelt es sich um 195 Aphorismen, die Verstehenshilfen für die Theorie und Übungsanleitungen für die Praxis bieten wollen. Sie bilden wiederum die Grundlage für die meisten der seitdem entstandenen Yoga-Traditionen.

Was den klassischen Yoga charakterisiert bzw. was dieser als Ziel erreichen will, drückt Patanjali in einem Satz so aus: »Yogas citta vritti nirodha.« Im übertragenen Sinne bedeutet dies: »Yoga ist jener innere Zustand, in dem die seelisch-geistigen Vorgänge zur Ruhe kommen« (Patanjali, *Die Wurzeln des Yoga*, I, 2). Nach Meinung des Kommentators Deshpande sollen die »seelisch-geistigen Vorgänge« nicht unterdrückt werden, wie häufig interpretiert (so schon von Vyasa um 500 n.Chr.), sondern »zur Ruhe kommen«.

Der Weg dorthin umfasst acht »Stufen« oder besser »Teile« (*astanga-yoga*), die jedoch nicht hintereinander durchlaufen und jeweils abgeschlossen werden. Vielmehr könnte man den Vorgang mit einer sich allmählich öffnenden *Knospe* vergleichen, bei der ein

Blütenblatt nach dem anderen hervorkommt und sichtbar wird, bis die ganze Knospe erblüht und in ihrer Ganzheit zu erkennen ist. Patanjali nennt folgende »Blütenblätter« des »achtblättrigen Yoga«: »Äußere und innere Disziplin, Körperhaltung, Atemregelung, Zurückhalten der Sinne, Konzentration, Meditation und Versenkung sind die acht Aspekte des Yoga« (II, 29). Im Einzelnen ist damit gemeint:

- Äußere Disziplin (*yama*) – Beachtung von sittlichen Geboten gegenüber der Umwelt (»existenzielle Imperative«): Gewaltlosigkeit, Wahrhaftigkeit, Nichtstehlen, reiner Lebenswandel, Nichtbesitzergreifen (II, 30).
- Innere Disziplin (*niyama*) – Persönliche Regeln: Reinheit (physisch und psychisch), Zufriedenheit, Askese, eigenes Studium der heiligen Schriften, Hingabe an einen Gott bzw. Verehrung des Göttlichen (II, 32).
- Körperhaltung/Körperstellungen (*asana*) – Die Sitzhaltung soll »fest und angenehm sein« (II, 46), d. h. eine Körperhaltung, um die Meditation zu erleichtern.
- Atemregelung (*pranayama*) – Innehalten im Rhythmus von Ein- und Ausatmen; Verlangsamung des Atems (II, 49). Durch die Atemregelung soll die Lebenskraft (*prana*), die den Kosmos erfüllt, konzentriert durch den Atem in den Körper aufgenommen werden.
- Zurückhalten der Sinne (*pratyahara*) – Abwenden der Sinne von den äußeren Objekten; Zurückziehen »in das Eigenwesen des Geistes« (II, 43), so wie sich eine Schildkröte in ihren Panzer zurückzieht.
- Konzentration (*dharana*) – Ausrichtung des Denkens auf einen Punkt; »die Verbundenheit des Bewusstseins mit dem Betrachtungsgegenstand« (III, 1).
- Meditation/Versenkung (*dhyana*) – Vertiefte Konzentration; Beginn der Aufhebung des Gegensatzes zwischen Meditierendem und Objekt der Meditation. »Dort (in der Konzentration) ist das Einstimmen in einen einzigen Erfahrungsakt Meditation« (III, 2).
- Versenkung/Entfaltung (*samadhi*) – Einheitserfahrung; der Gegensatz zwischen Schauendem und Geschautem wird aufge-

hoben. »Nur die Meditation, die den Gegenstand zum Leuchten bringt, wobei man der eigenen Identität entblößt ist, ist Versenkung« (III, 3). Das Ziel des Yoga ist erreicht.

Dieser klassische Yoga-Weg des Patanjali wird auch als *Raja-Yoga* bezeichnet, als »königlicher Yoga«, der den »ewigen Geist« (*purusha*) des Menschen aus den Verwicklungen in die weltlich-irdischen Dinge (*pakriti*) befreit.

Hier wird die Verwandtschaft der Yoga-Sutras mit der dualistischen »Sankhya-Tradition« deutlich, einem der sechs hinduistisch-philosophischen Systeme. Die Sankhya-Philosophie geht von der Vorstellung aus, dass es im Universum zwei gegensätzliche Aspekte gibt: den »Geist« (*purusha*) und die »Materie« (*prakriti*). Beide sind ewige und unveränderliche, nicht auf einen »Schöpfer« zurückgehende Gegebenheiten. Der Mensch vereint in sich den »Geist« und die »Materie«, wobei Letztere als grobstofflicher und feinstofflicher Körper ausgeprägt ist. Durch die »dynamische Struktur« der Materie wird nun der seinem Wesen nach inaktive, über alles Geschehen erhabene Geist in die Welt hineingezogen. Während die Sankhya-Philosophie die theoretische Notwendigkeit betont, den Geist aus der Anhaftung an die Leid verursachende Materie zu befreien, zeigt der *Raja-Yoga* die praktische Methode, dieses Ziel (d. h. die Erlösung = *moksha*) zu erreichen.

Aus der Fülle der inzwischen praktizierten Methoden wären neben dem *Raja-Yoga* noch der *Bhakti-, Jnana-*, *Karma-* und *Hatha-Yoga* als die bekanntesten zu nennen.

Bhakti-Yoga ist der Weg der »liebenden«, emotional bestimmten Hingabe an einen »persönlichen Gott« (*Ishvara*), konkretisiert unter anderem im ständigen Chanten des Gottesnamens, was für viele Sekten der Vishnu-Verehrung charakteristisch ist (Caitanya, Begründer der indischen Krishna-Tradition und ISKCON [neureligiöse Hare-Krishna-Bewegung]). Dieser »Frömmigkeits-Yoga« wird in Indien sehr geschätzt, da er keine vorgeschriebenen Regeln oder intellektuellen Voraussetzungen kennt und von Angehörigen unterschiedlicher Rassen, Kasten und religiöser Traditionen ausgeübt werden kann. Normalerweise wählt sich jeder Bhakti-Yogi aus dem hinduistischen Götter-Pantheon seinen »persönlichen Gott« selbst aus, mit dem er sich auf diesem Yoga-Wege »vereinen« und so die »Erlösung« erreichen möchte.

Der *Jnana-Yoga* erfordert eine strenge geistige und asketische Disziplin, mit deren Hilfe er den Praktizierenden zu der »Erkenntnis« (*jnana*) führen will, dass seine Individualseele (»atman«) mit der kosmischen Weltenseele (»brahman«) identisch ist. Dieses »Wissen« (nicht nur im intellektuellen Sinne), dass sein Selbst »Gott« ist, bringt dem Yogi Befreiung aus dem »Nichtwissen« (*avidya*) und damit »Erlösung«. Die wichtigste Voraussetzung für den Beginn dieses Yoga-Weges ist ein übergroßes »Verlangen nach Befreiung« (*mumukshutva*). Der Weg selbst kann jedoch nicht ohne die Hilfe eines Gurus und die notwendige Einweihung (Initiation) in die mit dem *Jnana-Yoga* verbundene Meditation gegangen werden.

Karma-Yoga (»Yoga der Tat«) beschreibt den Weg zu »Gott« durch »gute und heilige Werke«, die nicht getan werden, um selbst ihre Früchte zu ernten, sondern diese als Opfer für die Gottheit darzubringen. Das kann im Tempel, in der Familie oder im Büro geschehen, wobei alle Handlungen, besonders diejenigen aus dem kultischen Bereich, jedoch äußerst pünktlich und gewissenhaft zu vollziehen sind. Jedes normale Tun und Lassen erzeugt »Karma« und bindet damit an das Gesetz der Reinkarnation. Innerhalb dieses Yoga-Weges jedoch, ausgeführt mit der rechten Gesinnung und auf die Gottheit ausgerichtet, lösen gute Werke und religiöse Zeremonien allmählich die Bindung an den Kreislauf der Wiederverkörperungen und verhelfen schließlich zur Vereinigung mit dem Göttlichen.

Diese drei Yoga-Wege haben zwar je ihre eigenen Schwerpunkte, sind aber nicht so scharf gegeneinander abgegrenzt, dass es nicht auch zahlreiche *Überschneidungen* und *Mischformen* geben würde.

Als Besonderheit yogischer Theorie und Praxis muss der *Hatha-Yoga* gelten, der sich in der Zielangabe wesentlich von anderen Methoden unterscheidet. Dabei spielt »der Körper« mit seinen physischen und »esoterischen« (tantrischen) Funktionen eine zentrale Rolle.

Wenn die Begriffe *Tantra-Yoga* oder *Kundalini-Yoga* gebraucht werden, handelt es sich auch um *Hatha-Yoga*; jedoch werden die tantrischen Elemente in diesem Fall besonders betont.

Der Hatha-Yoga geht auf einen wahrscheinlich aus Bengalen stammenden *Siddha-Yogi* namens *Gorakhnath* zurück, der zwischen dem 10. und 12. Jahrhundert gelebt und die Hatha-Yoga ausübende Shiva-Sekte der »Kanphata-Yogis« gegründet hatte (vgl. George W. Briggs, *Gorakhnath and the Kanphata Yogis*). Zu den wichtigsten Texten dieser Tradition gehören das *Hatha Yoga Pradipika* (eine Mischung vedantischer und tantrischer Lehren) und das *Gorakhsa Shataka* (GS, Kurzfassung des Pradipika), die alle zwischen dem 13. und 15. Jahrhundert entstanden sind. Der Begriff *Hatha* ist zusammengesetzt aus *ha* (= Sonne) und *tha* (= Mond), was symbolisch auf zwei verschiedene Atemströme, den durch das rechte Nasenloch (»Sonnen-Atem«) und den durch das linke Nasenloch (»Mond-Atem«), hinweisen könnte. Bisweilen wird der Hatha-Yoga auch als »Yoga der Gewalt« bezeichnet, da er das angestrebte Ziel mit harten (physischen) Methoden erreichen will.

Während im klassischen Yoga die Überzeugung vorherrscht, dass alles Materielle, also auch der Körper und das irdische Leben (einschließlich Tod und Reinkarnation), als ursächlich Leid hervorbringend (»Alles ist Asche«), daher negativ zu beurteilen und möglichst schnell zu überwinden sei, kommt der Hatha-Yoga zu einer positiven Meinung über den Körper. Dieser kann im tantrischen Sinne (»Gift mit Gift bekämpfen«) als Instrument gebraucht werden, die Angst vor Leben und Tod abzubauen. Dies geschieht, indem man versucht, die Leid verursachenden Körperprozesse zu verlangsamen oder gar zu stoppen und so eventuell Unsterblichkeit bzw. Vergöttlichung zu erreichen.

Hatha-Yogis konzentrieren sich deshalb sehr auf den Körper und die Beherrschung seiner Funktionen durch »asanas« und »pranayama«. »Wie können jene Yogis, die ihren eigenen Körper nicht kennen, der ein Haus mit neun Türen ist und von fünf Schutzgeistern bewacht wird, Vollkommenheit im Yoga erreichen?« (GS Nr. 14). [Anm.: »neun Türen« = Körperöffnungen: sieben am Kopf, zwei am Unterkörper. Die fünf Schutzgötter: Brahma, Vishnu, Rudra, Isha, Sadha-Shiva.]

Das Charakteristische des Hatha-Yoga und seiner Techniken ist die Vorstellung von einem innerhalb des Physischen existierenden »esoterischen« Körpers (*ruksuma sarira*). Dieser besteht aus einem

Geflecht von 72 000 oder auch 300 000 »Leitungen« bzw. »Kanälen« (*nadis*) und einem System von sieben »Energie-Zentren« (*chakras*, wörtlich: »Räder«). Die zehn wichtigsten »nadis«, die ihren Ursprung am Beckenboden haben, enden an den neun Körperöffnungen (Augen, Ohren, Mund, Nasenlöcher, Geschlechtsorgan, Anus) und an einer esoterischen Schädelöffnung, durch die die Seele beim Tode entweicht. Drei dieser »nadis« werden namentlich genannt: »ida«, auf der linken Seite aufsteigend zum linken Nasenloch; »pingala«, rechts zum rechten Nasenloch, und »sushumna« *(brahmanadi)*, in der Mitte durch die Wirbelsäule aufsteigend bis unter die Schädeldecke.

Nach dem Verschließen der neun Körperöffnungen dienen diese drei »nadis«, die ständig gereinigt werden müssen, den Hatha-Yogis dazu, den Atem völlig zu beherrschen und dessen Lebenskraft (*prana*) durch »Atemstau« im Körper zu belassen. Der Atem wird durch das linke Nasenloch eingesogen, so lange wie möglich angehalten und durch das rechte Nasenloch wieder ausgestoßen (vgl. GS Nr. 94-99). Beim Einatmen sollte die Silbe »OM« zwölfmal, beim Atemanhalten sechzehnmal und beim Ausatmen zehnmal wiederholt werden. Der Zweck der Übung: »Solange prana im Körper verbleibt, entweicht das Leben *(jiva)* nicht. Sein Entweichen bedeutet Tod. Deshalb soll man Meister darin werden, prana zurückzuhalten« (GS Nr. 91). »Solange prana im Körper gehalten wird, ist das Bewusstsein *(citta)* frei von Krankheit. Welchen Grund gibt es, den Tod zu fürchten, solange das Sehen zwischen den Augenbrauen fixiert bleibt?« (GS Nr. 92).

Die Lebenskraft ist nach hatha-yogischer Vorstellung außer im Atem auch im männlichen Samen (*bindu*) enthalten. Wer sich nun sexuell betätigt, verschwendet seine Lebenskraft und ist Krankheit, Alter und Tod ausgeliefert. Deshalb sollte auch der Samen zurückgehalten werden (GS Nr. 68-76), um Verjüngung und Unsterblichkeit zu erlangen. Hierzu dienen Techniken, die den Samen durch die »sushumna« bis zur Schädeldecke führen und von dort als Lebenselixier (Nektar, Ambrosia) durch die Nasenkanäle wieder nach unten tropfen lassen (GS Nr. 80), sodass der »Nektar der Unsterblichkeit« vom Yogi konkret geschmeckt werden kann.

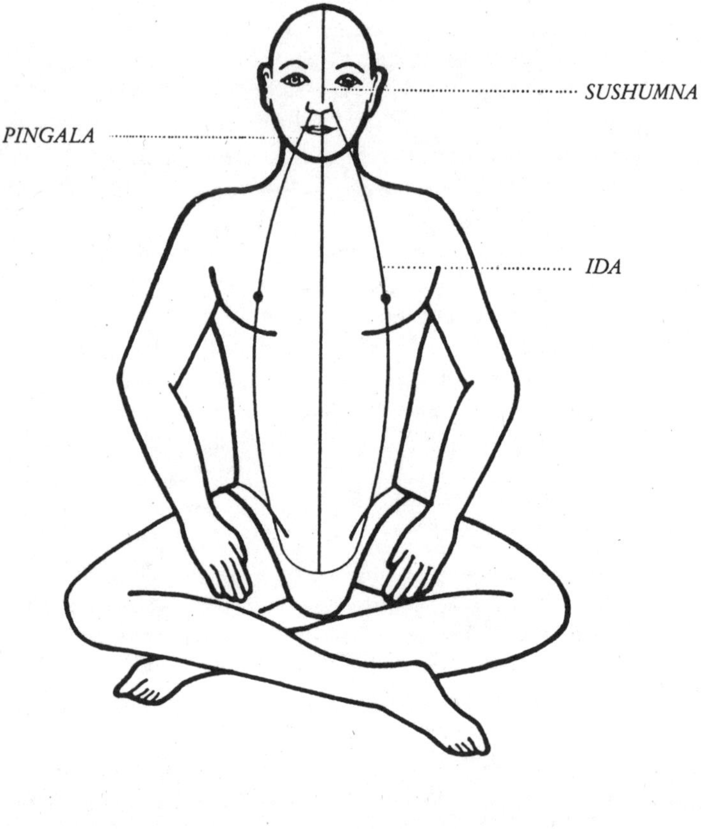

Die drei Hauptkanäle (Nadis). Die beiden äußeren führen von einem der Nasenlöcher hinab, der mittlere hinauf zum Sahasrara-Chakra.

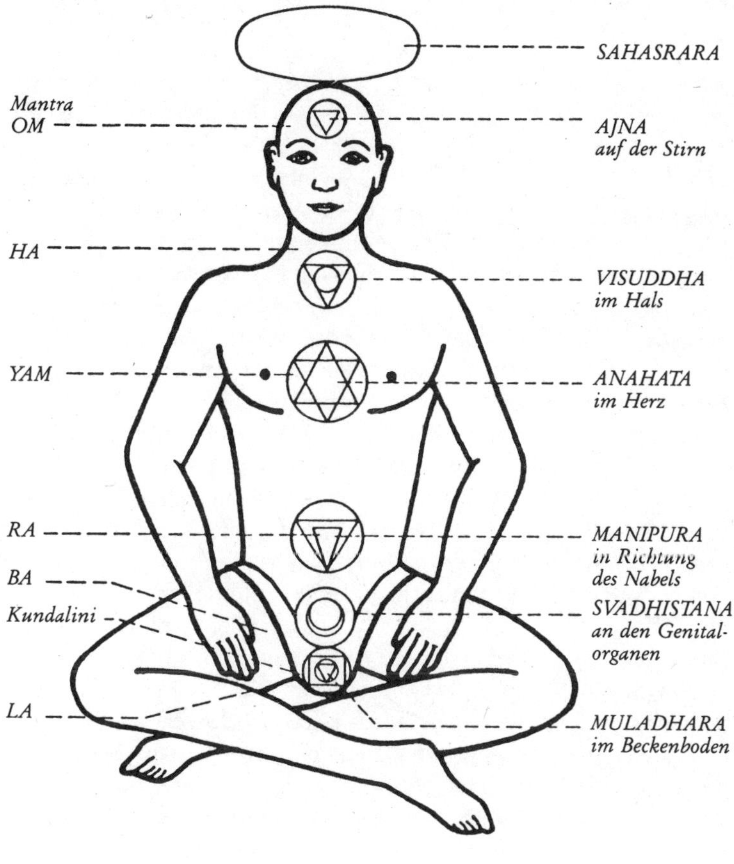

Rechts sind die Chakras aufgeführt, links die zugehörigen Mantras. Unten ist der Sitz der Kundalini.

Der Hatha-Yoga weist in seinem System noch andere tantrische Elemente auf. In Analogie zum Makrokosmos, der von den Kräften des Gottes Shiva als »Vater« und denjenigen der Göttin Kali, in ihrer Wirkkraft »shakti« genannt, als »Mutter« des Universums beherrscht wird, besitzt auch der Mensch als Mikrokosmos diese beiden göttlichen Aspekte. Der Gott Shiva hat seinen Sitz unter dem Schädeldach, während Shakti als dreieinhalb Mal zusammengerollte Schlange (»Kundalini«) am Ende des Steißbeins vorgestellt wird. Durch bestimmte Techniken (Atemkontrolle, Mantra-Meditation u. a.) versucht der Yogi nun, die Kundalini zu »erwecken« und zum Aufsteigen zu zwingen, damit sie sich mit ihrem Gegenpol Shiva vereinigt. Wenn dies gelingt, bewegt sie sich durch die »sushumna« nach oben und berührt dabei die einzelnen »chakras«, deren symbolische Elementarkräfte von ihr absorbiert werden.

Ausgehend von dem in der Nähe des Anus vorgestellten *muladhara-chakra* (Element Erde), erreicht die Kundalini zunächst das *svadhistana-chakra* (Wasser) am Geschlechtsorgan. Es folgen *manipura-chakra* (Feuer) am Nabel, *anahata-chakra* (Luft) am Herzen, *visuddha-chakra* (Äther) am Hals und *ajna-chakra* (engl. *mind*) an der Stirn, auch identifiziert als »drittes Auge«. (Das rituelle Öffnen dieses »dritten Auges«, Shaktipat genannt, ist ein Charakteristikum des *Siddha-Yoga* der Muktananda-Tradition.)

Am Scheitelzentrum, schon außerhalb des »esoterischen Körpers« (Shiva Samhita Nr. 151), befindet sich der »tausendblättrige Lotos« als Sitz des Gottes Shiva, das *sahasrara-chakra*. Wenn sich die Kundalini-Shakti hier schließlich mit Shiva, ihrer »Seele« und ihrem »Herrn«, vereinigt, soll dies für den Yogi ein nicht zu beschreibendes orgasmisches Glücksgefühl (engl. *bliss*) zur Folge haben. Es ist die Einheitserfahrung der Verschmelzung des männlichen und des weiblichen Prinzips, die tantrische Gotteserfahrung als kosmische Erlösung.

Als »Nebenprodukt« hatha-yogischer Techniken sollen sich bisweilen paranormale Fähigkeiten entwickeln, sogenannte »siddhis«. Diese sollten allerdings von Yogis, die sich als seriös betrachten, nicht als Ziel des Hatha-Yoga angestrebt werden. Gemäß Shiva Samhita III, 53-54 kann ein Yogi folgende Fähigkeiten erlangen:

Weissagung, Hellsehen, Hellhören, Sich-unsichtbar-Machen, Durch-Wände-Gehen, Levitation sowie die Kraft, unedles Metall durch Einreiben mit Kot und Urin in Gold zu verwandeln. Der Hinweis auf die Möglichkeit, bestimmte »siddhis« zu erwerben, gehört wesentlich zur Propaganda der »Transzendentalen Meditation«, die einen vereinfachten, popularisierten Yoga anbietet.

b) Kritische Anmerkungen

Viele Menschen im Westen fühlen sich vom Yoga angezogen, weil sie hoffen, durch körperliche und geistige Übungen »zu sich selbst zu kommen« oder einfach zur Entspannung von Alltagsstress zu finden. Streng genommen dürften manche solcher gymnastischen Angebote nicht als »Yoga« bezeichnet werden. Handelt es sich aber wirklich um Yoga, so ist darauf hinzuweisen, dass diese Übungen in eine *vom Hinduismus geprägte Lebensweise* hineinführen, auch wenn dies nicht immer gleich erkennbar ist. Manche Christen vertreten die Meinung, dass sich der christliche Glaube und die Yoga-Praxis vereinbaren lassen. Sie gehen dabei von der Annahme aus, dass man den Yoga in seine einzelnen Bestandteile auflösen, d. h. religiöse Inhalte und Ziele von den äußeren Techniken trennen könne. Dadurch werde Yoga zu einer »leeren Schale«, die sich nun nach Belieben mit neuen, in diesem Falle christlichen Inhalten füllen lasse.

Es wird argumentiert, dass die ersten beiden klassischen Yoga-Stufen des Patanjali, »Yama« und »Niyama«, der christlichen Ethik sehr ähnlich seien. Weiterhin gehörten das richtige Sitzen und Atmen sowie die Sammlung der Gedanken durch Konzentration auf das Innere und Wesentliche auch zur christlichen Meditation. Deren Ziel, die »Einheitserfahrung« mit Gott (*unio mystica*), könne man mit »samadhi« vergleichen. Diese Argumentation bezieht sich eindeutig auf die Struktur des klassischen Raja-Yoga, die in den christlichen Bereich transferiert werden könne.

Nicht zu bestreiten ist, dass gewisse ethische Grundnormen, wie in »Yama« und »Niyama« erwähnt, und verschiedene Formen der

Meditation Bestandteile aller Hochreligionen sind. Die Einheitserfahrung (*unio mystica*) bezieht sich im Christentum jedoch eindeutig auf Gott, wie er sich in Jesus Christus offenbart hat, und unterscheidet sich damit fundamental vom Hinduismus. Auch die mittleren Stufen des klassischen Yoga nach Patanjali sind von ihrem Ursprung und ihrer Intention her so mit dem hinduistischen Gottes- und Menschenbild, dem Glauben an *Karma* und *Reinkarnation* verbunden, dass sie, wollte man sie von diesem Hintergrund lösen, ihre Substanz verlieren würden. Dies gilt in verstärktem Maße für die anderen Traditionen (Karma-, Bhakti-, Jnana- oder Hatha-Yoga); sie sind so spezifisch auf die Bedürfnisse und Vorstellungen hinduistischer Religiosität zugeschnitten, dass sie aus diesem Kontext nicht herauszulösen sind. Yoga im eigentlichen Sinne ist Selbsterlösung, oder er ist kein Yoga. Wenn manche Christen berichten, dass durch Yoga ihre »ausgetrocknete christliche Spiritualität« wiederbelebt werde, so bleibt darauf hinzuweisen, dass trotz dieser subjektiven Erfahrungen der Yoga dem christlichen Glauben widerspricht.

Nicht nur von christlicher, auch von hinduistischer Seite wird vor einer »Versöhnung« gewarnt. So meint der aus Wien stammende und zum Hinduismus konvertierte Religionswissenschaftler Agehananda Bharati (Leopold Fischer, 1923–1991) in seinem Buch *The Light at the Center*: »Ein Abgrund klafft zwischen dem wirklichen indischen Yoga-Training, seiner Durchführung und Tradition und dem, was man den westlichen Konvertiten vormacht, dass es sei: ein leichtes, aufregendes, humanistisches, tolerantes Unternehmen. Es ist nichts davon. Yogisches Training in Indien ist stumpfsinnig und hart. Es ist eine Sieben-Tage-in-der-Woche-Angelegenheit, und Ausrutscher werden bestraft ...« (S. 155f).

Literatur

– Patanjali, *Die Wurzeln des Yoga. Die Yoga-Sutren des Patanjali mit einem Kommentar von P. J. Deshpande*, hrsg. v. Bettina Bäumer, Bern/München/Wien [4]1982

- Jürgen vom Scheidt, *Yoga für Europäer. Entspannung und Konzentration – aber richtig*, München 1976
- Christian Schmidt, *Erfahrungsweg Yoga – Gottesbegegnung durch Selbstfindung*, München 1993
- George Weston Briggs, *Gorakhnath and the Kamphata Yogis*, Delhi 1982

3. Feng-Shui

a) Beobachtungen

Seit Anfang der 90er-Jahre werden die esoterischen Betätigungsfelder im Westen durch ein neues Element bereichert: »Feng-Shui« (gespr.: Fang-Shöi), das mit »Wind (und) Wasser« übersetzt werden kann. Bei dieser aus China stammenden Lehre und Praxis geht es darum, dass Menschen ihre nähere Umgebung, besonders aber ihre privaten Häuser und Gärten oder auch nur Etagenwohnungen so in Einklang mit einer »Chi« (gespr.: Tschie) genannten »kosmischen Lebensenergie« bringen, dass Harmonie und Glück das Alltagsleben bestimmen, eventuell auch Reichtum und Gesundheit das Ergebnis sind. Bei kommerziellen Bauten wie etwa Geschäften, Banken, Schulen oder Verwaltungszentren soll durch die Anwendung von Feng-Shui-Prinzipien das Arbeitsklima verbessert bzw. der Umsatz gesteigert werden.

Wie weit die aus Fernost kommende esoterische »Bau- und Einrichtungsphilosophie« bereits den öffentlichen Raum erreicht hat, zeigen folgende Beispiele:

- Im Juli 2003 wurde an der Autobahn A 8 zwischen Stuttgart und Ulm das nach Vorgaben des Feng-Shui gebaute »Rasthaus Gruibingen« eröffnet. Mitten in der Landschaft steht ein quietschgelbes Gebäude mit rotem Dach und asymmetrischem Eingangsbereich, alles ohne Ecken und Kanten; die Wände erstrahlen in Pastelltönen von Blau und Gelb. Die ganze Anlage ist nicht parallel angeordnet, sondern in einem »kosmisch günstigen Winkel« versetzt zur Autobahn, damit die Raststätte nicht von den

»Energiewirbeln der Autos zerzaust« wird. »Es sieht so aus, als hätte sich hier, mitten im geordneten Schwaben, ein anthroposophischer Architekt ausgetobt. Wahrscheinlich im Ecstasy-Rausch« (*Die Zeit*, 8. Mai 2003).

– In dem 4 100 Einwohner zählenden Marktflecken Massing im Rottal (Niederbayern) war 1994 im Bereich Massing-West ein Baugrund von 77 000 qm ausgewiesen und ein Bebauungsplan erstellt worden. Für private Bauherren schien die schlichte, schachbrettartige, dazu recht enge Aufteilung der Parzellen nicht sehr attraktiv gewesen zu sein, denn es gab über lange Zeit nur drei Interessenten. Daraufhin machte ein Mitarbeiter der Erschließungsgesellschaft dem Bürgermeister den Vorschlag, das Baugebiet ganz neu, und zwar nach den Prinzipien von Feng-Shui, zu planen. Der Gemeinderat stimmte zu, dass eine Feng-Shui-Architektin damit beauftragt werden sollte, und 1999 lag ein ganz anderer Entwurf vor, der inzwischen Gestalt angenommen hat. Es gibt nun geschwungene Straßenführungen und ringförmig angeordnete Häuserzeilen, damit die »kosmische Energie Chi« harmonisch fließen kann. Durch radiästhetische Untersuchungen (d. h. mit Hilfe von Wünschelruten) wurden »negative Störzonen« (Wasseradern) und »positive Kraftlinien« entdeckt und bei der Planung berücksichtigt. Einen »Kraftort« gestaltete man als Dorfplatz, wo die Bewohner jetzt die »planetarische Energie« schöpfen können. Am südlichen Ende des Geländes fanden die Geomanten [Geomantie: ursprünglich die Kunst, aus Linien und Figuren im Sand wahrzusagen] eine weitere »Störzone« von negativer »energieabziehender Qualität«; hier befindet sich nun ein Dorfteich mit dichter Bepflanzung. Die für Niederbayern typischen Satteldächer wurden nicht mehr zwingend vorgeschrieben, da diese starre Dreiecksform gemäß Feng-Shui das Element »Feuer« symbolisiere. Chinesisch-esoterischer Formenlehre zufolge sei dagegen ein Miteinander verschiedener Elemente anzustreben, in diesem Fall etwa eine Mischung aus Flachdächern (Erdelement), Walmdächern (Metallelement) oder Scheddächern, d. h. verschieden geneigte Dachflächen an einem Haus (Wasserelement).

Seit 2006 sind nun alle Baueinheiten verkauft oder bebaut. Die Anlage sei von den Bewohnern sehr gut angenommen worden, heißt es vonseiten der Gemeindeverwaltung.

- *Der Spiegel* berichtete am 20. Juni 2005: »Die Wohnung sei unsere zweite Haut, sagen Architekten. Dass für Klassenzimmer offenbar das Gleiche gilt, entdeckte eine Grundschullehrerin in Laatzen bei Hannover. Nach langjähriger Erfahrung mit lustlosen Schülern im symmetrischen Einheitsgrau wurde es Anke Schenk zu bunt. Zusammen mit einem Feng-Shui-Berater und den Eltern gestaltete sie das Klassenzimmer um: rote Gardinen und ein Teppich in der Mitte, Stühle und Tische im Kreis statt in geraden Reihen. Schon nach zwei Wochen bemerkte Schenk bei ihren Erstklässlern eine ›deutliche Verbesserung der Konzentration‹. Die Kinder seien ›wesentlich motivierter, die phlegmatischen arbeiten zügiger, die ruppigen verhielten sich ausgeglichener‹. Es falle den Kindern leichter, einander ausreden zu lassen. Bestätigt wird Schenks Urteil über ihre Schüler von anderen Lehrern: Mit dieser Klasse sei ›einfach angenehmer‹ zu arbeiten. Der Erfolg des Schenk'schen Engagements beeindruckte auch im niedersächsischen Kultusministerium. Dort plant man nun, demnächst in zehn niedersächsischen Schulen Feng-Shui-Räume einzurichten.«
- Aus der Vorankündigung zur Fernsehsendung »Energien zum Leben« auf 3sat am 23. Oktober 2006 heißt es: »Schulmedizin trifft Feng-Shui. – Claudia Schumm setzt auf die Verbindung von Architektur und Heilung. Modernes Feng-Shui beruht auf traditionellem chinesischen Wissen und beschäftigt sich mit gesundem Wohnen und Arbeiten. Für die Architektin Claudia Schumm aus Rekawinkel bei Wien vermittelt Feng-Shui nicht nur Harmonie, sondern vor allem Heilung. Die Diplom-Ingenieurin hat sich auf Feng-Shui in Krankenhäusern und Arztpraxen spezialisiert. Bei ihrem ersten großen Projekt gestaltete sie im Krankenhaus Lainz im Wiener Bezirk Hietzing vor allem die Urologie-Station nach Feng-Shui-Kriterien um.«

Im Laufe der Jahre ist im Westen auf der Grundlage einer steigenden Nachfrage eine erkennbare Berater-Szene für Feng-Shui entstanden. Entsprechende »Center«, »Colleges«, »Akademien« und »Institute« bieten Aus- und Fortbildung für diejenigen, die auf diesem Gebiet eine berufliche Zukunft sehen. Spezielle Angebote gibt es dabei für Architekten, Innenarchitekten, Stadtplaner oder Landschaftsgärtner. In abgestuften Kursen, bis hin zu »Meisterkursen« und »Sonderseminaren«, werden die Grundlagen von Feng-Shui und auch dessen esoterische »Geheimnisse« (die zu kennen bis 1912 angeblich nur den chinesischen Kaisern vorbehalten waren) den Interessenten vermittelt. Hier eine kleine Themenauswahl aus den Programmen der verschiedenen Anbieter:

Geschichte des Feng-Shui – Chi- & Sha-Strömungsgesetze – Die Arten des Chi – Yin und Yang, der Rhythmus des Lebens – Fünf Wandlungsphasen – Schöpfungs- und Zerstörungszyklus – Chinesische Astrologie – Die Acht Trigramme – Das LoShu – Einführung in das System der Fliegenden Sterne – Das Drei-Türen-Bagua – Die Kompass-Schule – Farbzuordnungen im Feng-Shui ...

Seit Oktober 2005 kann man sich auch im wissenschaftlichen Bereich mit Feng-Shui beschäftigen. Die 1994 gegründete »Donau-Universität Krems« (Niederösterreich) bietet ein dreisemestriges Studium an und verleiht den vom österreichischen Wissenschaftsministerium anerkannten Titel »Akademischer Experte LO-Feng-Shui« (LO = Lebensraumoptimierung). Die Kosten für einen Lehrgang, 450 Unterrichtseinheiten, werden mit 7 485 Euro angegeben (Stand: Sommer 2006).

b) Religiös-weltanschaulicher Hintergrund

Theorie und Praxis des Feng-Shui haben ihren Ursprung im »Taoismus«, der mit dem Buddhismus und dem Konfuzianismus die »Drei Großen Lehren Chinas« bildet. Entstanden ist er im 5. und 4. Jahrhundert v.Chr., zunächst in Form eines philosophischen Systems, in dem über Himmel und Erde sowie die Stellung des Menschen in diesem kosmischen Gefüge spekuliert wurde. Die chinesische Überlieferung führt diesen philosophischen Taoismus (*Tao-chia*) auf

Lao-Tse (480–390 v.Chr.) zurück. Unter Religionswissenschaftlern und westlichen Sinologen ist es allerdings umstritten, ob es eine historische Figur namens Lao-Tse (= »Alter Meister«) wirklich gegeben hat.

Das Lao-Tse zugeschriebene, in zwei Abschnitte und 81 Verse eingeteilte *Tao-te-king* (gespr.: Dau-dö-dsching) gilt als der wichtigste literarische Text des Taoismus, der allerdings in verschiedenen Versionen vorliegt. Im ersten Teil des *Tao-te-king* (*Das Buch vom rechten Weg und der rechten Gesinnung*) geht es um den zentralen Begriff »Tao«, den man wörtlich mit »Weg«, »Straße« übersetzen, aber auch als »Prinzip« oder »Methode« verstehen kann. Was damit gemeint ist, ist nicht nur für Menschen aus dem Westen kaum zu erfassen, sondern auch für Chinesen selbst schwer zu beschreiben.

Das »Tao« bezeichnet das ewige Wirk- und Schöpfungsprinzip des Kosmos, den Ursprung allen Seins, aus dem alles hervorgegangen ist und in das alles wieder zurückkehren wird. Es selbst ist ohne Aktivität und gibt doch jedem Ding seine Ordnung. Das Tao ist gleichzeitig das Sein und das Nichts, unpersönlich, namenlos, unveränderlich und ohne Eigenschaften. Einerseits ist es transzendent, d. h. jenseits unserer erfahrbaren, sichtbaren Welt, andererseits aber auch immanent, d. h. alle Gegebenheiten der Wirklichkeit durchdringend. Damit ist das Tao größer als alles, was es im Kosmos gibt. Mit den Worten des *Tao-te-king* (Vers 25): »Ein Wesen gibt es, chaotischer Art – das noch vor Himmel und Erde ward, so tonlos, so raumlos. Unverändert, auf sich nur gestellt, ungefährdet wandelt es im Kreise. Du kannst es ansehen als die Mutter der Welt. Ich kenne seinen Namen nicht. Ich sage Tao, damit es eine Bezeichnung erhält« (Lao-Tse, *Tao Te King. Das Heilige Buch vom Weg und von der Tugend.* Übers., Einl. u. Anm. Günther Debon, Stuttgart 1961).

Im zweiten Teil des Buches *Tao-te-king* geht es um das *Te* (wörtlich: »Tugend«, »Kraft«), also um das Handeln des Menschen im Einklang mit dem Tao. Das Ideal bezeichnen die Taoisten als »wuwei« (= »Nichtstun«): Der Mensch soll sich auf das Wirken des Tao einlassen, ohne jedoch selbst aktiv zu werden und dem natürlichen

Lauf der Dinge eine andere Richtung geben zu wollen. Vergleichbar ist dies mit einem kleinen Bach, der absichtslos fließt und doch an sein Ziel kommt.

Zum klassischen Taoismus gehören noch weitere Charakteristika, die folglich auch in der Praxis des Feng-Shui eine entscheidende Rolle spielen. Im Wesentlichen geht es um ein »Chi« genanntes Fluidum, um das Gegensatzpaar »Yin« (weiblich) und »Yang« (männlich) sowie die »Fünf Elemente« (oder »Wandlungsphasen«).

i. Chi

Das Konzept »Chi« (auch »Qi« geschrieben) bedeutet im wörtlichen Sinne »Luft«, »Atem«, »Äther« oder »Energie« und ist ein Grundbaustein der taoistischen Kosmologie, der Lehre von der Entstehung des Kosmos. Demnach waren ursprünglich im Tao eine Art Ur-Energie (*Yüan-Chi*) und die späteren Polaritäten »Yin« und »Yang« noch ungetrennt zusammen. Dann brachte das »Eine« (Tao) die »Zwei« (Himmel und Erde) hervor, und aus den »Zweien« entstanden die »10 000 Wesen« (*wan-wu*), die chinesische Umschreibung für die Gesamtheit der Schöpfung. Die Ur-Energie durchströmt seitdem als geistiges Fluidum, aber mit materiellen Effekten, in vielerlei Funktionen den gesamten Kosmos. Selbst unsichtbar, bewirkt diese Energie in der sichtbaren Welt den Wandel allen Seins, das Absterben und den Neubeginn.

Die Taoisten unterscheiden ganz grob zwischen dem leichten »himmlischen Chi« und dem schweren »irdischen Chi«. Das erste bewirkt Wetter, Wind und Wolken, weil es nach oben steigt. Das andere manifestiert sich in einer nach unten weisenden, bodenständigen Kraft, die in Pflanzen, Tieren und Menschen die Lebensprozesse steuert und erhält, aber auch die Erde durchzieht.

In jeder Sekunde könne der Mensch das Chi existentiell erfahren, weil er atmet. Wer die Chi-Kraft durch Atemübungen kontrolliere und in seinem Körper über das Normalmaß hinaus anreichere, sei nach taoistischer Meinung in der Lage, erstaunliche geistige und physische Leistungen zu vollbringen, wofür etwa die fernöstliche Malerei und Dichtung sowie besonders die Kampfsportarten

(Kung-Fu, Karate, Aikido, Tae Kwan Do, Judo u. a.) als Beispiele genannt werden.

ii. Yin und Yang

Seit dem taoistischen »Schöpfungsakt« (aus dem »Einen« gehen die »Zwei« hervor) werden die Welt und das Leben auf ihr durch die polaren Prinzipien »Yin« und »Yang« geprägt, d. h. durch Spannung erzeugende Kräfte und Eigenschaften. Diese ergänzen sich jedoch, halten sich in gegenseitigem Gleichgewicht und bilden erst gemeinsam die ganze Wirklichkeit ab. Sie stehen sowohl für zyklischen Wandel als auch für punktuelle Stabilität. Dieses drückt das bekannte Symbol des Taoismus aus:

Yin-Yang-Zeichen

Der weiße Punkt in der schwarzen und der schwarze in der weißen Fläche deuten darauf hin, dass in jeder Gegebenheit schon der Kern der Wandlung in das Gegenteil angelegt ist. Beispielsweise liegt in jeder Krankheit der Keim der Gesundheit, in jeder Nacht der des Tages, in jedem Sommer der des Winters und in jedem Anfang der des Endes (und jeweils umgekehrt).

»Ursprünglich bezeichnete der Begriff Yin den nördlichen, von der Sonne abgewandten Hang eines Berges und wurde mit kaltem, trübem Wetter und wolkenbedecktem Himmel assoziiert. Yang bezeichnete den der Sonne zugewandten Hang und wurde mit Helligkeit und Wärme verbunden« (*Lexikon der östlichen Weisheiten*, hrsg. v. Ingrid Fischer-Schreiber u. a., Bern/München/Wien 1986, S. 456).

Im Laufe der Zeit wurde Yin jedoch immer mehr als das weibliche und Yang als das männliche Prinzip verstanden. Beiden ließen sich Eigenschaften, Tätigkeiten, Gefühle, Gegenstände usw. zuordnen (allerdings nicht immer im geschlechtsspezifischen Sinne). Hier einige Beispiele:

YIN	YANG	YIN	YANG
Erde	Himmel	nehmen	geben
kalt	warm	Erholung	Arbeit
Seele	Geist	statisch	dynamisch
feucht	trocken	leise	laut
Winter	Sommer	innen	außen
Gefühl	Verstand	Mond	Sonne
wechselhaft	beständig	dunkel	hell
links	rechts	Wasser	Feuer
weich	hart	Stillstand	Bewegung
unten	oben	Trauer	Glück
rund	eckig	gerade Zahlen	ungerade Zahlen

iii. Die Lehre von den »Fünf Elementen«

Die Vorstellung von den »Fünf Elementen« oder »Fünf Wandlungsphasen«, besser gesagt von den »Fünf Bewegern«, ist eine Eigentümlichkeit taoistisch-chinesischen Denkens. Es geht um die Begriffe »Holz«, »Feuer«, »Erde«, »Metall« und »Wasser«, die als Symbole zur Beschreibung von Veränderungen und zyklischen Abläufen in der Natur und im Alltagsleben der Menschen verwendet werden. Dabei handelt es sich also nicht um reale Materialien, Stoffe oder Substanzen, sondern um Kräfte, die angeben, wie sich die Elemente der Natur oder auch Formen der Technik zueinander verhalten und aufeinander einwirken.

Am Kreislauf der Jahreszeiten machen die Chinesen beispielhaft deutlich, was sie damit meinen. Aus der ruhenden Phase des Winters (= Wasser) brechen die vorbereitenden Kräfte des Frühlings (= Holz) hervor, die im Hochsommer (= Feuer) zur vollen Entfaltung kommen. Der Spätsommer (= Erde) symbolisiert die Dynamik der Wandlung aller Dinge, hier z. B. diejenige von der Blüte zur Frucht, wohingegen der Herbst (= Metall) die Ernte und damit die Stabilität des Erreichten anzeigt. Dem schließt sich erneut die Phase des Winters an.

Das taoistische Prinzip von der notwendigen Harmonie und Balance aller Aspekte der Welt und des Lebens (»Yin und Yang«) bezieht sich demgemäß auch auf die »Fünf Elemente«, die in zwei gegensätzlichen Zyklen wirksam werden können. Der erste Zyklus, der »nährende« oder »schöpferische«, wird als Kreis dargestellt, mit im Uhrzeigersinn umlaufenden Pfeilen, die die Wandlungskräfte in Aktion zeigen: Holz nährt Feuer; die dabei entstehende Asche nährt die Erde, indem sie diese fruchtbar macht; aus der Erde, z. B. aus den in ihr verborgenen Erzen, wird Metall gewonnen; Metall nährt Wasser, indem es etwa in Form von Metallgefäßen Wasser aufbewahrt; Wasser nährt Holz, weil es die Wurzeln der Bäume wässert.

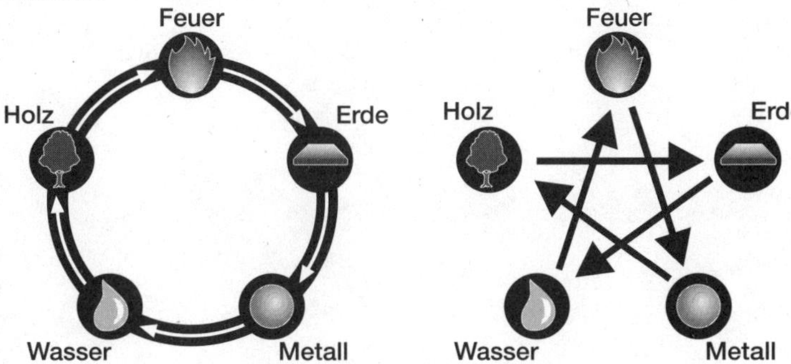

Zyklen der »Fünf Elemente«

Der zweite Zyklus, der »kontrollierende« oder »zerstörerische«, wird grafisch durch ein Geflecht von Pfeilen im Inneren des Kreises abgebildet: Wasser kontrolliert Feuer (Löschen), Feuer kontrolliert Metall (Schmelzen), Metall kontrolliert Holz (z. B. Spalten mit der Axt), Holz kontrolliert Erde (Pflug des Bauern; Baumwurzeln, die das Erdreich auflockern) und Erde kontrolliert Wasser (Aufsaugen, Verschmutzen).

Wie Yin und Yang werden auch den einzelnen »Elementen« verschiedene Aspekte zugeordnet, etwa Himmelsrichtungen, Farben, Tageszeiten, Organe des menschlichen Körpers, Formen, Tugenden und Tiere. Für die Praxis des Feng-Shui sind unter anderem die folgenden Elemente von Bedeutung:

Kategorie	**Holz**	**Feuer**	**Erde**	**Metall**	**Wasser**
Farbe	Blaugrün Grün	Violett Rot	Gelb Braun	Weiß Silber	Blau, Schwarz
Form	Zylinder (runde Form)	Pyramide (Dreiecke)	Quader (Rechtecke)	Kuppel (Kugel)	Wellenförmige, geschwungene Form
Tier	Drache	Phönix	–	Tiger	Schildkröte
Klima	Windig	Heiß	Feucht	Trocken	Kalt
Himmelsrichtung	Ost	Süd	Zentrum (in China eine Himmelsrichtung)	West	Nord
Hausformen	Hochhaus	Spitzdach	Flachdach	Kuppelbau	Stark gegliederte Formen

Neben dem »philosophischen Taoismus« bildete sich seit dem 3. und 2. Jahrhundert v.Chr. allmählich auch ein »religiöser Taoismus« (*Tao-chiao*) heraus, der die Lehren des klassischen Taoismus mit Riten und Gebräuchen der chinesischen Volksreligion verband. Der »taoistische Himmel« war am Ende bevölkert von Göttern, Geistern, Dämonen und Ahnen, denen entsprechende Zeremonien gewidmet waren (und bis heute sind). Jetzt blühten Schamanismus, Geisterbeschwörung, Tempelkulte, Magie und, im Hinblick auf die Ahnenverehrung, besonders Geomantie (Feng-Shui) auf.

In der chinesischen Gesellschaft spielt die rituelle Ahnenverehrung bis heute eine nicht zu übersehende Rolle. Gemäß der »Yin und Yang«-Philosophie sind Leben und Tod sowie die Lebenden und die Ahnen zwar deutlich erfahrbare Gegensätze, aber dennoch im Tao vereint. Deshalb glaubt man seit jeher, dass die Ahnen einen großen Einfluss auf das Wohl und Weh der Lebenden haben, was die Nachfahren zu einem positiven Umgang mit ihren Vorfahren zwingt. Konkret wird diese Haltung in erster Linie in der Bestimmung der Grabstätten für verstorbene Angehörige. Geomanten wurden und werden deshalb beauftragt, nach den Prinzipien des Feng-Shui die günstigste, d. h. glückverheißendste Örtlichkeit herauszufinden. Das geografische Umfeld der Grabanlage ist dabei zu beachten (Landschaft, Berge, Wasser usw.), der harmonische Chi-Fluss, die »Yin und Yang«-Balance, die richtige Himmelsrichtung u. a. In diesem religiösen Kontext hat Feng-Shui seinen eigentlichen »Sitz im Leben«, auch wenn gleichzeitig dessen Grundsätze auf den Bau von Privathäusern, Palästen, Tempeln oder Gartenanlagen angewandt wurden und werden.

c) Feng-Shui – die Praxis

Feng-Shui, in seiner traditionell-chinesischen und neuzeitlich-westlichen Ausprägung, soll ausschließlich dazu dienen, »die Energie vor Ort ins Gleichgewicht zu bringen und somit eine Balance zwischen Bewohnern und Umgebung herzustellen. Der geistige Ansatz des Feng-Shui umfasst den ganzen Menschen in allen seinen körperlichen, geistigen und seelischen Aspekten. (...)

Durch die Lehren des Feng-Shui erfahren wir ..., was den Menschen wahrhaft zum Menschen macht. Mit Feng-Shui erleben wir das Leben und das Menschsein auf alte Weise neu« (Europäischer Feng-Shui und Geomantie Berufsverband e.V., 46485 Wesel, http://www.efgb.de/feng-shui.html, Stand: 10. Juli 2006).

Um diesem hohen Anspruch zu genügen und das Ziel im Sinne des Feng-Shui zu erreichen, stehen verschiedene Praktiken und Instrumentarien zur Verfügung, die vorzeiten in China entwickelt wurden, aber bis heute Gültigkeit haben und auch im Westen benutzt werden, wenn auch oft in abgewandelter Form. Zunächst geht es darum, das weitere und nähere Wohnumfeld der Menschen, d. h. Landschaften, Städte, Häuser und Wohnungen, zu analysieren und den Weg der »Universal-Energie Chi« zu bestimmen. So wie das Chi, gemäß der chinesischen Lehre, auf festgelegten Meridianen (Leitbahnen) durch den menschlichen Körper fließt, strömt es auch auf sogenannten »Drachenlinien« (*lungmei*) durch die Erde und den Luftraum, wobei die Haupttransportmittel der »Wind« (*Feng*) und das »Wasser« (*Shui*) sind. Im Laufe der Zeit entwickelten sich zwei Hauptrichtungen, die »Formen-Schule« und die »Kompass-Schule«, die je ihre eigenen Prägungen und Hintergründe haben, inzwischen aber auch durch Mischformen miteinander verbunden sind.

i. Die Formen-Schule (Luan Ton)

Sie entstand vor etwa 2 000 Jahren im gebirgigen Südwesten Chinas. Die Geomanten betrachteten die Berge, Hügel, Täler und Flussläufe und machten sich Gedanken darüber, welche positiven bzw. negativen Auswirkungen die Landschaftsformen und ihr Chi auf die Menschen haben könnten. Sie beobachteten, dass die meisten Leute, die auf der Südseite eines Berges oder einer Hügelkette wohnten, zufriedener und wohlhabender waren. Hier wurden die eisigen Nordwinde abgehalten, und deshalb waren die Ernteerträge in diesem klimatisch günstigen Gelände höher. Folglich wurde der »Süden« zur Glück bringenden Himmelsrichtung erklärt; vor dem »Norden« dagegen musste man sich hüten und schützen.

Da einige Berge und Hügelketten die Geomanten an Umrisse von Drachen, Tigern oder Schildkröten erinnerten, wurden diese Tiere mit Himmelsrichtungen und geografischen Auffälligkeiten gleichgesetzt. So ergab sich folgendes Modell für ein harmonisches Wohnen im Einklang mit der Natur: Im Norden, also im Rücken des Hauses, liegt idealerweise ein höherer Berg. Er wird die »Schwarze Schildkröte« genannt, das chinesische Symbol für Beständigkeit und langes Leben. Ihr Panzer garantiert Sicherheit bei Angriffen von hinten. Im Osten ruht, in Form einer mittelhohen Hügelkette, der »Grüne Drache« (Aspekt des »Yang«), der Weisheit und Glück bringt. Im Westen liegt der »Weiße Tiger« (Aspekt des »Yin«) als niedrigere Erhebung; er steht für Tapferkeit und Mut. Im Süden sorgt der in das flache Land blickende »Rote Phönix« für Licht und Wärme. Ein kleines Gewässer, Bach oder Teich, schafft hier eine natürliche Atmosphäre. In der Mitte des Ganzen hat sich die »Gelb-braune Schlange« zusammengerollt, wach und stets bereit zu reagieren. Schildkröte, Tiger und Drache umschließen das Haus wie ein schützendes Hufeisen, lassen gutes Chi durch die Anlage strömen und stabilisieren auf diese Weise Harmonie und Wohlbefinden.

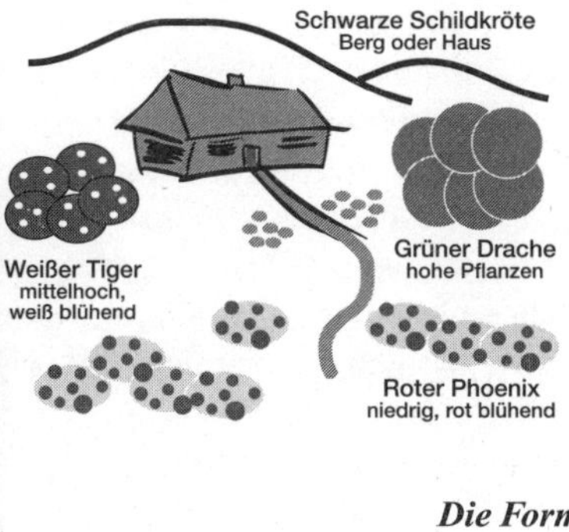

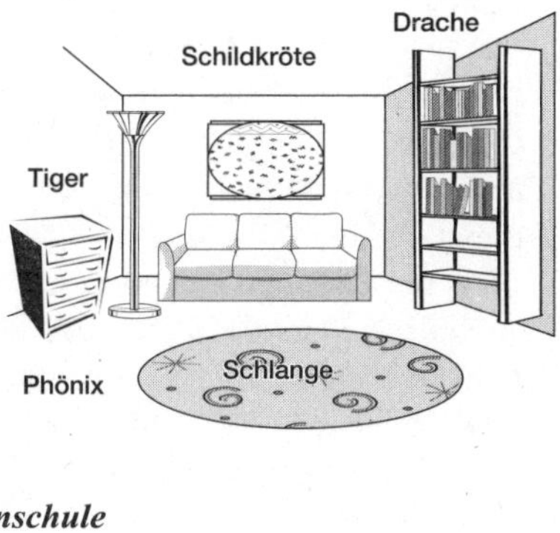

Die Formenschule

Nun sind die landschaftlichen Bedingungen dieses chinesischen Modells im Hinblick auf Planung und Bau eines Hauses in unseren Breiten wohl nur sehr selten zu erfüllen; ganz zu schweigen von den Vorgaben schon bestehender Häuser, Hochhäuser oder Eigentumswohnungen im städtischen Raum. Dennoch bieten Feng-Shui-Experten auch in solchen Fällen eine Lösung an. Bei einem Neubau in normalem Gelände kann man sich der Fünf-Tiere-Symbolik durch entsprechende Bepflanzung nähern, z. B. durch hohe Bäume hinter dem Haus und Büsche an den Seiten sowie durch einen Teich oder Springbrunnen am Eingang. Bei Häusern oder Etagenwohnungen erkennt das »geschulte Auge« des Fachmanns, welche angrenzenden Gebäude, die Doppelhaushälfte des Nachbarn beispielsweise oder hohe Geschäftshäuser in der näheren Umgebung, als »Schildkröte« dienen können.

Bei der Einrichtung eines Wohnzimmers wird Folgendes vorgeschlagen: Das Sofa steht an der Rückwand (Schildkröte), damit der Rücken geschützt ist. An der linken Seite (Drache) befindet sich ein hohes Bücherregal, auf der rechten (Tiger) eine niedrige Kommode. Der Blick nach vorne (Phönix) durch ein Fenster sollte unverstellt sein. Die Mitte (Schlange) ist der ruhende Ort des Zimmers.

Das Wesen der »Lebensenergie Chi« soll darin bestehen, eine Landschaft, ein Haus oder eine Wohnung immer von Neuem zu durchströmen, für die Menschen Gutes zu bewirken und dann das Gelände wieder zu verlassen. Nun kann es, gemäß der Feng-Shui-Lehre, bei diesen Vorgängen aber auch Störungen geben. Um positive Kraft anzusammeln, benötigt das Chi sanft geschwungene Linien und wellenförmige Bewegungen, wie diejenigen von Wasserläufen mit vielen Biegungen. Deshalb bewirken alle von Menschen gebauten, geraden Strecken das Gegenteil, also z. B. Kanäle, Autobahnen, Straßen, Bahngleise, Brücken oder lange Korridore in Büro- und Krankenhäusern, Kirchtürme, Sendemasten, spitze Dachvorsprünge und Mauerabsätze, aber auch Einrichtungsgegenstände mit scharfen Ecken und Kanten gehören ebenfalls zu den Dingen, vor denen man sich hüten muss. Die Yin- und Yang-Balance ist nachhaltig gestört, und aus dem guten Chi wird das »negative, schneidende Chi«, das *Sha Chi* genannt und auch als »Giftpfeile« bezeichnet wird. Auf den geraden Linien beschleunigt die Energie, rast durch Landschaften und Häuser, im besten Falle ohne positive Wirkung. Häufig liegen hier jedoch, wie Feng-Shui-Anhänger glauben, die Ursachen dafür, dass Menschen krank werden oder Unfälle haben, dass Kinder nicht lernen können, dass das Betriebsklima leidet usw. Feng-Shui-Experten wissen, wie bei »Sha Chi« Abhilfe zu schaffen ist. Liegt das Haus an stark befahrenen Straßen oder Bahngleisen, lässt es sich durch Hecken oder kleine Erdwälle schützen. Im häuslichen Bereich kann mit Hilfe von Spiegeln, Pflanzen, runden Formen an Möbeln und durch Wasser (z. B. Aquarium, Zimmer-Springbrunnen) dem Sha Chi Einhalt geboten, es umgelenkt und damit unschädlich gemacht werden. Entsprechend kann man bei langen Fluren in Kranken- und Bürohäusern verfahren. Übrigens dürfen Autos nie mit der Kühlerhaube zur Hauswand geparkt werden, da durch diese Position die negative Energie geradewegs »ins Haus schießt«.

Die selbstgestellte Aufgabe von Feng-Shui-Beratern ist es, in den zu begutachtenden Häusern oder Wohnungen herauszufinden, ob »Yin und Yang« ausgeglichen sind und das Verhältnis der »Fünf Elemente« zueinander stimmt. Um höchstmögliche Harmonie zu erreichen und eventuelle Disharmonien zu verhindern, müssen sie »hier etwas wegnehmen« und »dort etwas hinzufügen«. Das geschieht gewöhnlich durch Hinweise, wie und wo bestimmte Formen und Farben angewandt sowie Materialien und Gegenstände platziert werden sollten. Im Bereich der Farben gelten folgende Bedingungen:

ROT (Element Feuer) ist die Farbe des Lebens, der Wärme und Kraft; sie eignet sich für die Küche und Südzimmer.

GRÜN (Holz) steht für Besonnenheit, vitalen Aufbruch und beruflichen Erfolg; am besten geeignet für Zimmer nach Osten, für Kinder- und Schlafzimmer sowie Esszimmer.

WEISS (Metall) ist in China die Farbe der Trauer und sollte im Wohnbereich vermieden und besser für Garagen oder die Werkstatt verwendet werden.

GELB (Erde) steht für Wissen und Weisheit, für die Sonne und Helligkeit. Da Gelb inspirierende Wirkung für den Geist zugeschrieben wird, passt es für Arbeitsräume, Büros und Wohnzimmer sowie für alle nach Westen liegenden Räumlichkeiten.

SCHWARZ (Wasser) symbolisiert Macht, Einfluss und Geld, aber auch Unglück und Nacht. Es sollte im Wohnbereich nicht verwendet werden; in Kombination mit einer anderen Farbe, etwa Blau, passt es jedoch für Badezimmer, Waschküche und Abstellkammer.

Im Hinblick auf die Einrichtung einer Wohnung halten Feng-Shui-Experten noch einige besondere Ratschläge bereit:

- Im Gegensatz zum Wohn-, Arbeits- und Esszimmer als »Yang«-Bereich ist das Schlafzimmer ein »Yin«-Raum. Yin steht hier für Dunkelheit und Ruhe, wobei die Position des Bettes sehr wichtig ist: Es sollte nie zwischen Fenster und Tür stehen, da hier Chi ungehindert »durchjagt« und für unruhigen Schlaf sorgt. Das Bett sollte sich auch nicht schräg im Zimmer befinden, da sich unter dem Kopfende »Sha Chi« ansammelt. Das Kopfende sollte am besten an der Rückwand (Schildkröte) positioniert werden. Im Schlafzimmer dürfen sich auch keine Spiegel und Pflanzen oder Möbel mit scharfen Ecken und Kanten befinden.
- Die Tür des Badezimmers und der Deckel der Toilettenschüssel müssen, wenn nicht benutzt, immer geschlossen bleiben, da sonst das Chi des Hauses durch die Toilette entweicht und in die Kanalisation abgesaugt wird.
- Im Feng-Shui spielen auch Zahlen eine Rolle, was bei der Ausstattung oder etwa Bestuhlung im Esszimmer beachtet werden sollte. Nach chinesischer Tradition gilt z. B. die »Vier« als Unglückszahl und muss vermieden werden, während die »Acht« Glück bringt, da sie liegend die Unendlichkeit symbolisiert.

ii. Die Kompass-Schule (Li Qi)

Diese Richtung im Feng-Shui entstand etwa im 10. Jahrhundert in Nordchina, als die Geomanten das Problem zu lösen hatten, wie sie in flachem Gelände, ohne die für die Formen-Schule so wichtigen geografischen Merkmale, zu Anhaltspunkten kämen, um günstige Plätze für Gräber und Wohnhäuser zu finden.

Es wurde im Laufe der Zeit ein kompassähnliches Gerät entwickelt, das im Chinesischen *Lo Pan* (*Lo* = Netz; *Pan* = Scheibe) heißt. Hierbei spielten und spielen noch heute, im Gegensatz zu den »Formen«, ganz andere Kriterien eine Rolle, um Chi zu bestimmen und zu lenken. In der Kompass-Schule geht es nun um chinesische Astrologie, Himmelsrichtungen, Nummerologie, Jahres- und Monatszyklen, die Geburtsdaten der betreffenden Menschen, acht aus dem altchinesischen Orakelbuch *I Ging* (= »Buch der Wandlungen«) stammende Trigramme u. a.

Heutige *Lo Pan* bestehen aus einer kleinen rechteckigen, die »Erde« symbolisierenden Platte, auf der (je nach Modell) bis zu 64 drehbare Scheiben verschiedener Größe befestigt sind; sie stehen für den »Himmel«. Die Ringscheiben enthalten Gradeinteilungen sowie verschiedene Zeichen und Symbole. Alle diese Details werden zueinander in Verbindung gesetzt, von den Feng-Shui-Experten gedeutet und zur Grundlage einer Beratung gemacht. Bei den für den Westen konstruierten *Lo Pan* zeigt die Kompassnadel wie gewohnt nach Norden; bei den in China gebräuchlichen nach Süden, der »guten Himmelsrichtung«.

Von den verschiedenen Aspekten, die das System der Kompass-Schule ausmachen, sollen hier nur zwei kurz beschrieben werden, die in der Feng-Shui-Praxis aufeinander bezogen sind: das »LoShu«-Quadrat und die »Acht Trigramme«, chinesisch *Ba Gua* oder *Pa Kua* (*Ba* = acht; *Kua* = Zahl).

Das *LoShu* besteht aus neun gleichmäßigen Quadraten, denen jeweils eine der neun Grundzahlen so zugeordnet ist, dass die Summe der Kästchen in jeder Richtung (waagerecht, senkrecht und diagonal) »15« ergibt. Diese Anordnung wird als Ausdruck perfekter Harmonie im Reich der Zahlen verstanden, wobei die ungeraden Ziffern »Yang«- und die geraden »Yin«-Eigenschaften besitzen sollen. Der Legende nach habe im 3. Jahrtausend v.Chr. ein chinesischer Kaiser namens Fu Hsi am Fluss Lo gesessen, als er an der Böschung eine Schildkröte entdeckte, die dieses Zahlenmuster auf dem Rückenpanzer trug.

4	9	2
3	5	7
8	1	6

LoShu

Jedem der Quadrate des LoShu, außer dem mittleren, ist nun eines der aus dem Orakelbuch *I Ging* entnommenen »Acht Trigramme« zugeordnet. Dabei handelt es sich um Zeichen, die aus jeweils drei Linien bestehen, entweder durchgezogen (Yang) oder unterbrochen (Yin). Da sich nach taoistischer Weltanschauung alle sichtbaren und unsichtbaren Dinge ständig zwischen den Polen Yin und Yang hin und herbewegen und dabei »verwandeln«, zeigen die einzelnen Zeichen an, ob sich der Zustand der Wandlung eher Yang oder eher Yin annähert. Das Trigramm *Ch'ien* ☰ symbolisiert die reine Yang- und *K'un* ☷ die reine Yin-Kraft. Aus der Mischung ergeben sich die übrigen Konstellationen.

Nach chinesischer Auffassung kann ein Symbol oder Schriftzeichen immer mehrere Bedeutungen haben. Und so werden auch die einzelnen Trigramme als Abbilder konkreter Realitäten mit verschiedenen Elementen, Himmelsrichtungen, Familienmitgliedern, Farben, Zahlen usw. gleichgesetzt. Nebenstehend einige für die Feng-Shui-Praxis wichtige Beispiele.

Um nun mit Hilfe des »LoShu« und der »Acht Trigramme« die Chi-Qualität in Häusern und Wohnungen, auch einzelnen Zimmern, zu bestimmen und gegebenenfalls zu verbessern, hat die Kompass-Schule ein ebenfalls *Ba Gua* genanntes Schema entwickelt. Die Quadrate des LoShu, bis auf das mittlere, wurden mit den »Acht Trigrammen« verbunden und als Lebens- oder Energiefelder definiert.

In der Praxis wird nun eine Folie des *Ba Gua* auf den Grundriss des zu begutachtenden Objekts gelegt. Durch Drehen an der entsprechenden Scheibe des Lo Pan findet der Feng-Shui-Berater heraus, wie er (nach vorheriger Bestimmung der Himmelsrichtungen) das Ba Gua justieren muss, um es richtig auf dem Grundriss zu positionieren und die Energiefelder des Hauses oder des Zimmers festzulegen. Ist der Raum nicht quadratisch oder rechteckig, so müssen »Erweiterungen« wie etwa Balkon, Erker oder nicht in das Raster passende Schrägen oder Ecken »ausgeglichen« werden, indem man diese Gegebenheiten teilweise anderen Bereichen zuordnet.

Trigramm	Name	Energie	Natur	Familie	Himmels-richtung	Farbe	LoShu-Zahl
☵	Kan	Gefahr	Wasser	Mittlerer Sohn	Norden	Schwarz	1
☷	Kun	Nahrung	Erde	Mutter	Südwesten	Gelb	2
☳	Chen	Schnellig-keit	Donner	Ältester Sohn	Osten	Grün	3
☴	Sun	Wachstum	Wind	Älteste Tochter	Südosten	Zinnober-rot	4
☰	Ch'ien	Autorität	Himmel	Vater	Nordwesten	Nachtblau	6
☱	Tui	Freude	Sumpf	Jüngste Tochter	Westen	Weiß	7
☶	Ken	Hindernis	Berg	Jüngster Sohn	Nordosten	Purpur	8
☲	Li	Hitze	Feuer	Mittlere Tochter	Süden	Dunkelrot	9

Der Zustand eines Zimmers oder einer Zimmerecke spiegelt, so die Lehre der Kompass-Schule, die augenblickliche Situation z. B. der Berufstätigkeit (Karriere), der Finanzlage, der Kinder oder der Partnerschaft der Bewohner wider. Nach einer eingehenden Analyse des Bestandes und einem ausführlichen Gespräch mit den Betreffenden weiß der Berater, wie mit Hilfe der Eigenschaften der Trigramme die Energiefelder zu »aktivieren« und zu verbessern sind, um Lebenswünsche in Erfüllung gehen zu lassen oder schädliche Auswirkungen abzuwehren. So wird Feng-Shui, neben der Einrichtungshilfe, auch zur esoterischen Lebensberatung.

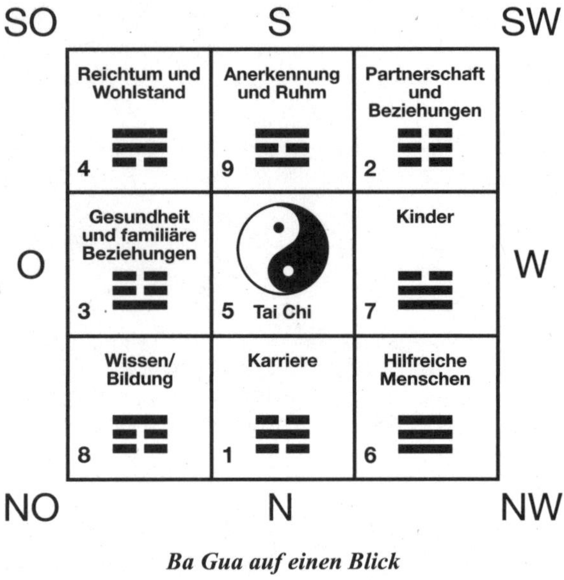

Ba Gua auf einen Blick

d) Pro und Kontra

Anhänger und Praktizierende des Feng-Shui haben naturgemäß eine positive Auffassung von dem, was sie glauben und tun. Hier eine kleine Auswahl:

- »Ist Feng-Shui mit Buddhismus oder Taoismus verwandt? – Feng-Shui ist weder mit Religion noch mit irgendeinem Glaubenssystem verbunden. Es ist eine wissenschaftliche Disziplin, die auf der Analyse von Energie basiert, ... Feng-Shui beruht auf wissenschaftlichen Theorien und mathematischen Berechnungen« (American Feng-Shui Institute, http://www.amfengshui.de/faq.htm#Basic%20Principles, Stand: 27. Juni 2006).
- »Feng-Shui ist die ca. 3 000 Jahre alte chinesische Lehre von der harmonischen Gestaltung unserer Umgebung. (...) Feng-Shui ist Bestandteil einer ganzheitlichen Lebensbetrachtung« (Feng-Shui Linnenborn, http://www.feng-shui-linnenborn.de/Einleitung.html, Stand: 10. Juli 2006).
- »Wer das mitverfolgt hat [gemeint ist das Treiben inkompetenter Berater], den wundert es nicht, dass viele Menschen Feng-Shui inzwischen als absurden Aberglauben abtun – und die Kirchen die Harmonielehre als ›unvereinbar mit dem christlichen Glauben‹ betrachten. Diese Schlussfolgerungen aber beziehen sich auf das vielerorts praktizierte, sogenannte ›Traditionelle Feng-Shui‹. Wie der Name schon sagt, handelt es sich hierbei um Feng-Shui-Empfehlungen, die ausschließlich vor dem kulturellen Hintergrund Asiens zu sehen sind – und die sodann 1:1 nach Europa übertragen wurden. Das heißt: Chinesische Hilfsmittel werden zum Allheilmittel erklärt, Beratungen erhalten den Charakter von Patentrezepten. (...) Das wahre Feng-Shui ist anders. Es geht eben nicht darum, asiatisches Kunsthandwerk in Firmen und Wohnungen zu verteilen, sondern um nicht weniger als ein Welterbe. Denn die Essenz des Feng-Shui beschreibt universelle Gesetzmäßigkeiten, die überall auf der Welt wirksam sind. Auch bei uns in Europa. Warum aber kommt dieses Wissen in asiatischem Gewand zu uns? Nun: Kein anderes Volk der Erde hat seine Naturbeobachtungen über Jahrtausende so lückenlos aufgezeichnet wie die Chinesen« (Thomas Fröhling/Katrin Martin, *Feng-Shui heute*, München ^{5}2003, S. 423).

Gegen diese positiven Meinungen stellen sich die Kritiker:
- »Feng-Shui ist einer wissenschaftlichen Überprüfung nicht zu-

gänglich, da kein objektives Forschungsdesign angewendet werden kann. Feng-Shui wird eher als eine Kunst angesehen denn als angewandte Wissenschaft« (Netlexikon, Art. »Definition Feng-Shui«, www.netlexikon.de, Stand: 24. Juli 2006).

- »Jetzt kommen die Asiaten mit ihren traditionellen Lehren, die schon immer so konzipiert waren, dass sie beide Aspekte des Menschlichen [d. h. Intuition und Rationalität] abdecken. Aber diese Lehren greifen allesamt zu kurz. Wenn sie hier, so wie sie sind, importiert werden, dann geschieht nichts anderes, als dass wir auf einen früheren historischen Stand zurückfallen – z. B. auf den Stand der Chinesen vor mehreren Hundert Jahren. Die westlichen Menschen geben ihren Vorteil preis, verzichten auf ihr scharfes, klares, skeptisches Denken, lassen sich durch modische Einflüsse einnebeln, schämen sich ihrer Widerstände und werden zu willfährigen Opfern von Predigern simpler Weltbilder. Das meiste, was Feng-Shui lehrt, ist nicht nur simpel, sondern kindisch und naiv – es verkürzt die Wirklichkeit auf etwas, was sie nicht ist. Es suggeriert magische Zusammenhänge, Wirkungen und Kräfte, wo keiner so recht weiß, was eigentlich dahintersteckt. (...) Diese Art Lehren sind Krücken für unsichere, zweifelnde, desorientierte Menschen. Besser wäre es, sie würden lernen, auch wieder ohne Krücken zu laufen, statt mit ihnen den Rest ihres Lebens zu verbringen, denn Krücken machen süchtig, dumm und sogar blind« (Gerd-Lothar Reschke, *Geomantie und Feng-Shui*, http://www.architektur-ideenjournal.de/x_geomantie_fengshui.htm, Stand: 29. Juni 2006).
- »Angebliche Meister des Feng-Shui, also Menschen, die die fünf Elemente und die beiden Energien (Chi und Sha Chi) verstehen, sollen ihrem Ruf nach fähig sein, übernatürliche Energien zu erkennen und Anweisungen für ihren optimalen Fluss zu geben. Feng-Shui hat sich zu einer Art architektonischer Akupunktur entwickelt: Zauberer und Magier begeben sich in ein Gebäude oder betreten eine Landschaft und benutzen ihre übernatürlichen Sensoren, um den Fluss von guter und schlechter ›Energie‹ zu entdecken. Diese Meister zum Mieten deklarieren danach, wo das Badezimmer sein sollte, in welche Richtung Türen liegen

müssen, wo man Spiegel aufhängen sollte, welcher Raum grüne Pflanzen und welcher rote Blumen benötige, in welche Richtung man das Bett stellen sollte und so weiter. Sie fällen diese Entscheidung auf der Grundlage ihres Gefühls für den Fluss des Chi, elektromagnetischen Feldes oder irgendeiner anderen Energie, über die sich der Kunde Sorgen macht. Sollten Sie also in Ihrer Beziehung Probleme im Bett haben, dann rufen Sie den Feng-Shui-Meister. Vermutlich müssen Sie ein paar Dinge im Schlafzimmer umstellen, um den Energiefluss in Ordnung zu bringen. (...) Feng-Shui ist zu einem weiteren der zahllosen New-Age-›Energie‹-Schwindel geworden« (http://www.skeptischeecke.de, Stand: 10. Mai 2006).

e) Kritische Anmerkungen

Grundsätzlich ist festzustellen, dass es sich bei dem von Feng-Shui vertretenen »Chi«-Konzept nicht um Aussagen über physikalische Gesetzmäßigkeiten, sondern um esoterische Vorstellungen handelt, die aus einem 2 500 Jahre alten religiös-weltanschaulichen Kontext stammen, nämlich dem Taoismus. Da es hier also um Glaubensinhalte geht, oder nach chinesischem Verständnis um eine »Naturphilosophie«, kann die Existenz des »Chi« und damit die Grundlage von Feng-Shui nicht mit modernen wissenschaftlichen Methoden, etwa durch wiederholte Experimente unter Laborbedingungen, überprüft und bewiesen werden.

Dr. Martin Lambeck, Professor für Physik an der Technischen Universität Berlin, hat in seinem Buch *Irrt die Physik? – Über alternative Medizin und Esoterik* unter anderem eine kritische Analyse zum Thema »Erdstrahlen« und »kosmische Energien« vorgelegt. Darin kommt er dann zu dem Schluss: »Nach der Feng-Shui-Lehre gibt es eine Kraft ›Chi‹, die aus dem Kosmos kommt, auf den Menschen wirkt und von ihm durch Bauten gelenkt werden kann. Diese Aussagen stehen im klaren Widerspruch zur Vierkräftelehre der heutigen Physik, weil diese eine planetare oder kosmische Energie wie Chi nicht kennt. Im Falle ihrer Bestätigung würde die Feng-Shui-Lehre eine radikale Änderung der Physik erzwingen, indem sie eine 5. Kraft zu berücksichtigen hätte. Wohlgemerkt: Diese Einschätzung bezieht sich nur auf den Teil der Feng-Shui-Lehre, der sich mit Energien, kosmischen Einflüssen und Kräften befasst. Der ästhetische Teil der Feng-Shui-Lehre, der einen besonderen Architekturstil entwickelt, liegt außerhalb meiner Betrachtung. Ob ein Haus nach den Schönheitsidealen des Klassizismus, des Bauhauses, der Anthroposophie oder des Feng-Shui errichtet wird, ist mir als Physiker gleichgültig« (S. 138). [Anmerkung: Die Vierkräftelehre der Physik umfasst die »Schwerkraft«, die »Elektrische Kraft«, die »Starke Kraft« (hält Atomkerne zusammen) und die »Schwache Kraft« (verwandelt unter bestimmten Bedingungen ein Neutron in ein Proton und ein Elektron um).]

Die oft wiederholte Behauptung westlicher Feng-Shui-Praktizierender, dass ihr »Harmonie-System« nichts mit Religion oder Weltanschauung zu tun habe, wird von dem in Australien lebenden »Feng-Shui-Meister« Howard Choy in einem Interview widerlegt. Auf die Frage »Glauben Sie, dass Feng-Shui etwas mit den traditionellen taoistischen Religionen zu tun hat?« antwortete er: »Oh ja! Wenn Sie die Prinzipien hinter Feng-Shui studieren, werden Sie entdecken, dass sie stark aus dem Taoismus und Konfuzianismus kommen. Und aus dem Buddhismus. (...) Alle drei ›Ismen‹ haben zu Feng-Shui beigetragen. Aus dem Taoismus kommt die Yin-Yang-Theorie mit all den spirituellen Lösungen. Der Konfuzianismus redet von Hierarchien und Familienverhältnissen. Die Idee von Leere und Nichtanhaften, der Energie einfach zu erlauben, so zu sein, wie sie ist, das ist sehr buddhistisch« (Auszug aus dem *Feng-Shui Spezial* 9/2001, http://www.feng-shui-center-berlin.de, Stand: 31. Oktober 2006).

Wenn sich in nicht christlichen Kulturkreisen oder im Zusammenhang mit dort heimischen Religionen bestimmte Lehren und Praktiken herausgebildet haben, die für die jeweiligen Gläubigen Lebenshilfe und Sinnstiftung bedeuten, so ist das natürlich zu respektieren, weil es genuin ist. Wenn jedoch ebendiese Aspekte in eine ganz anders geprägte, nämlich in die westliche (christliche) Welt transferiert werden und auch einige Christen möglicherweise aus Unkenntnis über die Hintergründe sich diesen zuwenden, dann sollte vom christlichen Standpunkt aus dazu Stellung bezogen werden.

Der Taoismus lehrt eine unpersönliche, »schöpferische« Ur-Kraft, das Tao, aus dem alles hervorgeht, während Christen ihren Glauben an den einen persönlichen Gott, den Schöpfer des Himmels und der Erde, bekennen. Gott hat seine gute Schöpfung (1. Mose 1,31) den Menschen als Lebensraum anvertraut und fordert einen verantwortlichen Umgang mit Natur und Umwelt; *das* bedeutet im eigentlichen Sinne »Machet euch die Erde untertan!«. Die Menschen dürfen also die Schätze der Erde, der Landschaften und von Flora und Fauna in vernünftiger Weise nutzen, um ihr Leben zu erhalten und zu gestalten.

Nun ist im biblischen Zeugnis an keiner Stelle die Rede davon, dass es in der Schöpfung Gottes irgendwelche verborgenen, magisch wirkenden Kräfte gäbe, die der Mensch durch Geomantie und esoterische Riten aufspüren müsse, um mit deren Hilfe »in Harmonie« mit sich und der Natur zu leben. Wenn westliche Feng-Shui-Anhänger behaupten, dass es sich bei diesen Kräften um eine auch von Christen so verstandene »göttliche Lebensenergie« handele, dann muss dem widersprochen werden. Die Lebenskraft als der allem Lebendigen geschenkte Odem Gottes, von der die Bibel spricht, meint etwas ganz anderes als das taoistische »Chi«, dessen Existenz nicht zu beweisen ist. Aber auch wenn dies der Fall wäre, was sollte man von einer »kosmischen Energie« halten, die durch Stellwände, Spiegel, Topfpflanzen, Zierbrunnen oder chinesische Glückssymbole so beeinflusst werden kann, dass sie ihre Eigenschaft und Wirksamkeit verändert? Und mit der Vorstellung, dass Kanten und Ecken von Möbeln oder spitze Dachvorsprünge und Kirchtürme »gutes Chi« in »böses Sha Chi« verwandeln, ist die Grenze zum Irrationalen erkennbar überschritten.

Ebenso kritisch muss vermerkt werden, dass westliche Anbieter kaum auf die Entstehung von Feng-Shui hinweisen, die mit dem chinesischen Gräberkult und der entsprechenden Ahnenverehrung zusammenhängt. Eine der wenigen Ausnahmen findet sich bei Fröhling/Martin, *Feng-Shui heute*: »Die alten Chinesen lebten für die Vergangenheit, für ihre Vorfahren. Deshalb wurde anfangs die Kunst des Feng-Shui vor allem für die Grabstätten angewendet und das erste und wichtigste der bekannten Feng-Shui-Werke das ›Buch der Beisetzungen‹ genannt. Es stammt aus dem vierten Jahrhundert vor Christus. (...) Forscher wie E. J. Eitel sehen in verschiedenen Gräberformen aus der Chou-Zeit (1122–255 v.Chr.) erste wissenschaftliche Belege einer angewandten Feng-Shui-Praxis« (S. 406). Die rituelle Verehrung der Ahnen ist häufig Kennzeichen einer außerchristlichen Volksreligiosität, wie etwa heute noch des chinesischen Volkstaoismus, und deshalb dem christlichen Glauben völlig fremd. Vielleicht wird deshalb im Westen Feng-Shui nur als »harmonisches« Bau- und Einrichtungsprinzip propagiert.

Seinen esoterischen Charakter zeigt Feng-Shui jedoch unübersehbar bei den für die Praxis entwickelten Techniken der Geomantie und den einzelnen Aspekten der »Kompass-Schule«. Kosmische Spekulationen, Zeitzyklen und Lebensdaten, magische Handlungen, chinesische Astrologie und Nummerologie stehen dem christlichen Glauben diametral gegenüber. Außerdem ist hier auch zu fragen, ob bestimmte Ecken eines Zimmers oder Flächen einer Wohnung, wenn sie nach den Vorgaben des »Ba Gua«-Schemas gestaltet würden, wirklich die Karriere fördern, die Partnerschaft festigen, den Wohlstand mehren oder zur Gesundung beitragen. Welche magischen Kräfte sollten an den betreffenden Stellen wirksam werden und wie?

Es geht in diesem Gesamtzusammenhang nicht um Kritik an der Ästhetik von Baugrund, Baustil, Einrichtung oder Farbgebung, die von jedem Menschen subjektiv anders empfunden und deshalb individuell entschieden wird, sondern allein um den esoterischen Hintergrund von Feng-Shui. Wenn Christen vorhaben, sich dieser fernöstlichen »Harmonie-Lehre« zur Gestaltung ihres persönlichen Wohnumfeldes zu bedienen, sollten sie sich vorher über deren Struktur und Praxis informieren und dann neu entscheiden.

Literatur

- *Lexikon der östlichen Weisheiten*, hrsg. v. Ingrid Fischer-Schreiber u. a., Bern/München/Wien 1986 (Sonderausgabe 1995)
- Lao-Tse, *Tao-Te-King. Das Heilige Buch vom Weg und von der Tugend,* Übers., Einl. u. Anm. Günther Debon, Stuttgart 1961
- Thomas Fröhling/Katrin Martin, *Feng-Shui heute*, München ^{5}2003
- Martin Lembeck, *Irrt die Physik? – Über alternative Medizin und Esoterik*, München ^{2}2005

III. Esoterisches Heilen

1. Reiki

a) Beobachtungen

Mitte der 80er-Jahre tauchte im Westen eine neue esoterische Heilmethode auf, die in Japan ihren Ursprung hat und über Amerika auch nach Europa gelangt ist: »Reiki« (gesprochen Ree-kie). Die japanische Silbe *Rei* hat mehrere Bedeutungen, unter anderem steht sie für »Geist«, »das Höchste« oder »universell«. *Ki* (entspricht dem chinesischen »Chi«; siehe Kapitel II.3. »Feng-Shui«) wird als »Energie«, »Natur«, »Atem« oder »Gefühl« wiedergegeben. Im Westen (Europa und Amerika) hat sich in der Esoterik-Szene für Reiki die Übersetzung »universelle Lebensenergie« durchgesetzt.

Zunächst nur in wenigen New-Age-Zentren neben anderen alternativen Heilweisen angeboten, verbreitet sich Reiki seit den 90er-Jahren jedoch so schnell, dass man im Jahr 2006 die Zahl der Anhänger in Deutschland schon auf ca. 400 000 schätzte. Dazu beigetragen hat wohl auch der Umstand, dass immer öfter in Apotheken, Drogerien oder Bioläden Werbeschriften und Handzettel ausliegen mit dem Hinweis auf örtliche Heilpraktiker, die gleichzeitig »Reiki geben«. In esoterisch-alternativen Zeitschriften finden sich entsprechende Anzeigen, und die Esoterik-Regale großer Buchhandlungen sind mit der Literatur zu diesem Thema gut gefüllt. Bisweilen schaffen es Reiki-Lehrer sogar, ihre Seminare im Rahmen von Volkshochschulprogrammen durchzuführen. Es muss allerdings auch erwähnt werden, dass öffentliche Medien (Presse, Funk und Fernsehen) immer wieder mit kritischen Artikeln und Beiträgen umstrittene alternative Heilmethoden, u. a. Reiki, analysieren und kommentieren.

Wie professionell Praktizierende Reiki einschätzen, dafür Werbung machen und Versprechen abgeben, geht aus entsprechenden

Broschüren oder Handzetteln hervor. Hier eine kleine Auswahl von Kernsätzen:

- Reiki ist eine natürliche Heilkunst, die seit alters her in vielen Mysterienschulen ausgeübt wurde.
- Reiki ist Licht, Liebe, Leben für sich und andere. Reiki heißt, sich einem höheren Bewusstsein zu öffnen. Mit der Fernbehandlung können wir Verbindung mit Menschen und Wesenheiten herstellen sowie altes Karma auflösen.
- Reiki ist göttliche, universelle Kraft. Sie gehört allen, die bereit sind, das Geschenk der heilenden Hände anzunehmen. Diese kosmische Energie wird von Christen »Heiliger Geist« und von asiatischen Kulturen »Chi« oder »Prana« genannt.
- Diese Reiki-Kraft ist ein Teil Gottes. Sie ist das reine TAO, das allumfassende »Nichts«. Sie ist Buddha als Heiler, die heilende Kraft der Sonne. Reiki verbindet alle Religionen dieser Erde. Reiki ist ein Teil des Ursprungs allen Seins.
- Reiki ist eine sehr alte Heilmethode, die schon vor über 2 500 Jahren in den alten Sanskrit-Sutras erwähnt und im 19. Jahrhundert von einem christlichen Mönch aus Japan, Dr. Mikao Usui, wiederentdeckt wurde. Reiki ist weder eine Religion noch ein Kult.
- Reiki ist nicht an eine Religion gebunden oder abhängig von einem irgendwie gearteten Glauben. Reiki funktioniert ohne jeden Glauben. Sie müssen ja auch kein Hindu werden, um Yoga praktizieren zu können.
- Reiki ist an keine Konfession gebunden. Es fördert das spirituelle Wachstum, indem es uns mit der göttlichen Urkraft verbindet.

Und hier einige Aspekte, was Reiki bewirken soll:

- Es stärkt die Selbstheilungskräfte des Körpers.
- Es baut Stress ab; es fördert die Leistungsfähigkeit und bringt mehr Lebenskraft und Lebensfreude.
- Es harmonisiert den Energiefluss im Körper.
- Es reinigt von Giften, stärkt das Immunsystem.
- Es löst Blockaden und beseitigt Krankheitsursachen.
- Es setzt verschüttete Gefühle frei.

b) Entstehung und Geschichte

i. Der Reiki-Gründer Mikao Usui

Reiki-Anhänger glauben, dass ihre Heiltechnik Jahrtausende alt sei und für unsere Zeit von einem Japaner namens Mikao Usui (1865–1926) »wiederentdeckt« wurde. Wer jedoch dieser Usui wirklich war und wie es zur »Neuentdeckung« kam, darüber werden in den gängigen Reiki-Büchern bisher nur Legenden, Mythen und Vermutungen weitergegeben, die jeweils erheblich voneinander abweichen. In der von Barbara W. Ray, einer prominenten Vertreterin der inzwischen zahlreichen Reiki-Richtungen, 1982 herausgegebenen Schrift *Offizielles Reiki-Handbuch* wird denn auch zugestanden: »Die Legende von Dr. Usui wurde von Hawayo Takata erzählt. Man muss dazu jedoch bemerken, dass Frau Takata Dr. Usui niemals persönlich kennenlernte. Die Geschichte ist ein Bericht aus dritter und vierter Hand« (S. 61).

Mikao Usui 1865–1926

Dieser Version und allen anderen daraus abgeleiteten Varianten zufolge war Mikao Usui Direktor eines christlichen Seminars oder auch Professor an einer christlichen Universität in Kyoto (zu jener Zeit Hauptstadt Japans). Er hatte sich sogar zum Priester weihen lassen, da er dem christlichen Glauben ganz dienen wollte. An einem Sonntagmorgen wurde er nach dem Gottesdienst (in der Predigt waren die Wunder Jesu thematisiert worden) von einem Studenten gefragt, »ob die Worte der Bibel wörtlich zu verstehen seien. Mikao Usui war sehr gläubig und bejahte deshalb die Frage ohne Zögern. Doch das genügte dem Studenten nicht, und er bat ihn, die Heilungen und Wunder zu erklären und ihm zu zeigen, wie man Kranke heilt. Dr. Usui war verwirrt; er konnte seinem Schüler keine befriedigende Antwort geben« (Aljoscha A. Schwarz/Ronald P. Schweppe, *Reiki – Heilen durch Handauflegen*, Landsberg am Lech 1995, S. 22). Usui fragte bei Priestern und »Kirchengelehrten« nach; diese konnten ihm auch nicht weiterhelfen. Daraufhin legte er sein Amt nieder und reiste nach Amerika, um dort, »in einem christlichen Land«, Theologie zu studieren und eine Antwort zu finden. An der Universität von Chicago erlangte er einen Doktorgrad in alten Sprachen (oder auch in Theologie).

Da Usui immer noch das Geheimnis der in der Bibel berichteten Wunderheilungen Jesu ergründen wollte, aber auch in Amerika keine Antwort fand, kehrte er nach Japan zurück. Nachdem er Chinesisch, Tibetisch und Sanskrit (die alte Sprache Indiens) gelernt hatte, forschte er nun in verschiedenen buddhistischen Schriften, da auch Buddha Wunderheilungen zugeschrieben werden. Schließlich fand er in einigen Sutras (Sammlungen buddhistischer Sprüche und Lehraussagen) Hinweise auf das, was er suchte. Um darüber nachzudenken, begab er sich auf Anraten eines Zen-Mönches auf den Berg Kurama, um dort 21 Tage zu fasten und zu meditieren.

Am Morgen des 21. Tages, als es noch dunkel war, hatte er eine Vision. Ein Lichtstrahl kam von oben herab und schlug direkt in seine Stirn ein, in sein »drittes Auge«. Dann sah er vor seinem Gesicht tanzende Lichtkügelchen in allen Regenbogenfarben, vorwiegend Blau, Lavendel und Rosa. In diesem Lichterreigen erkannte er goldfarbene Sanskritzeichen, Formeln und Symbole aus dem Lotos-Sutra, das er studiert hatte, und dachte: »Ich erinnere mich.« Hier wurde ihm also das Geheimnis »geistigen Heilens« offenbart, wie es Jesus und Buddha praktiziert hatten und bei dem die Verwendung bestimmter kraftvoller Symbole notwendig ist. Dr. Usui hatte damit Reiki wiederentdeckt und den Zugang zur »universalen Lebensenergie« eröffnet.

Schon beim Abstieg vom Berg und bei der Rückkehr nach Kyoto konnte er erste Wunder vollbringen. Unter anderem heilte er mit der Reiki-Kraft seinen verletzten, stark blutenden Zeh, indem er eine Hand darüberhielt. Die Tochter eines Gastwirtes, die unter starken Zahnschmerzen litt, befreite er durch Handauflegen innerhalb weniger Minuten von ihrer Pein. Mikao Usui wusste nun, dass er »heilende Hände« hatte.

Sieben Jahre verbrachte er in den Bettlervierteln von Kyoto, um arme Menschen zu heilen. In dieser Zeit formulierte er auch, in Anklang an die Ideale des herrschenden Meiji-Kaisers, fünf Grundsätze, die als »Regeln des Reiki-Weges« bezeichnet werden: »Gerade an diesem Tag (1) sei ohne Ärger, (2) sei ohne Sorge, (3) sei liebevoll zu deinem Nächsten, (4) verdiene dein Brot ehrenvoll, (5) sei dankbar gegen das Leben« (Schwarz/Schweppe, *Reiki – Heilen durch Handauflegen*, S. 25).

Schließlich begann Mikao Usui, Reiki zu lehren und weiterzugeben. Er gründete eine kleine Gemeinschaft, die »Usui Reiki Ryoho Gakkai« (Usui-Reiki-Heilungs-Gesellschaft), und bereiste zwischendurch China, Amerika und Europa. Als am 1. September 1923 ein großes Erdbeben Teile von Tokio und Yokohama zerstörte und über 100 000 Tote forderte, konnte er vielen Verletzten mit Reiki helfen. Das machte ihn in ganz Japan bekannt.

Bis zu seinem Tod heilte und lehrte er und weihte einige seiner Schüler zu Reiki-Meistern, unter ihnen den pensionierten Marinearzt Dr. Chujiro Hayashi. Im März 1926 starb Mikao Usui und wurde in Tokio nahe einem Zen-Kloster begraben.

Diese von Hawayo Takata erzählte Legende gehört heute vielfach zum Schulungsprogramm von Reiki-Seminaren.

In der zweiten Hälfte der 90er-Jahre kamen Bücher auf den Markt, die von japanischen (Hiroshi Doi, Toshitaka Mochizuki) und westlichen Reiki-Praktizierenden (William Rand, Andrew Bowling, Frank A. Petter) verfasst worden waren und »andere« Informationen zu Mikao Usui enthalten. Diese sollen auf Quellen der bis heute in Japan existierenden »Usui Reiki Ryoho Gakkai« beruhen. »Die Nachforschungen haben ergeben, dass die Geschichte des Reiki, wie sie von Frau Takata ihren Schülerinnen Phyllis Furumoto und Barbara Ray sowie von deren Meister-Schülerinnen erzählt worden war und somit eine große Verbreitung gefunden hatte, unrichtig war. Sie entpuppte sich als Märchen. Erst Ende der 90er-Jahre kam nach und nach die Wahrheit ans Licht« (http://home.arcor.de/mindvision/reiki/reiki_usui.htm, Stand: 2. Februar 2005).

Auch wenn große Teile dieser »Wahrheit« von Außenstehenden kaum nachgeprüft werden können, ist die neue Darstellung doch »plausibler«, weil sie den gesamten Reiki-Hintergrund verständlicher macht.

Gemäß den »neuen Informationen« wurde Mikao Usui am 15. August 1865 in dem Dorf Taniai (heute Miyama-cho) in der nördlich von Nagoya gelegenen Provinz Gifu geboren. Sein Vater, Uzaeman Tsunetane, war Armeeoffizier und gehörte mit seiner Familie der buddhistischen Tendai-Sekte an, in der der Amida-Buddha des »Reinen Landes« verehrt wird. Deshalb wurde Mikao als Vierjähriger von den Eltern in einen Tendai-Tempel gebracht, um an der dortigen Elementarschule unterrichtet zu werden. Als junger Erwachsener beschäftigte er sich mit Qi Gong, chinesischer Medizin, Esoterik, Wahrsagen, Nummerologie und meditierte regelmäßig in Zen-Klöstern sowie in einem Amida-Buddha-Tempel in der Nähe des Berges Kurama. Im Alter von 27 Jahren soll er sich dem Shingon-Buddhismus zugewandt haben. [Anmerkung: Bei dieser »Schule des Wahren Wortes« handelt es sich um einen esoterisch-magischen Zweig des japanischen Buddhismus. In der Praxis spielen Mantras (rituelle Formeln), Mudras (zeremonielle Handpositionen) und Mandalas (Symbolzeichnungen) eine Rolle, die geheim zu halten sind und jeweils von einem »Meister« an den »Schüler« weitergegeben werden.]

In dieser Zeit hatte Usui wohl auch Kontakt zu christlichen Missionaren. »Aber aus seinen persönlichen Notizen ist klar zu ersehen, dass er das Christentum nicht annahm und dass er der Lehre gegenüber ziemlich skeptisch war« (Art. »The Way of Reiki«, http://www.dharmachannel.net/ReikiInfo.html, Stand: 5. September 2006).

Zu Beginn des 20. Jahrhunderts lebte Usui mit seiner Frau Sadako Suzuki († 1946), seinem Sohn Fuji († 1946) und seiner Tochter Toshiko († 1935) etwa 15 Jahre ein bürgerliches Leben. Er arbeitete als Geschäftsmann, als Sekretär eines Politikers, Beamter und Bewährungshelfer. Von 1918 bis 1921 absolvierte er auch eine dreijährige Schulung im Zen-Buddhismus und war Mitglied in einer Heiler-Sekte (Rei Jyutsu Kai). Verschiedene Lebenskrisen brachten ihn dann dazu, eine 21-tägige Fasten- und Meditationsperiode auf dem Berg Kurama einzulegen. Schließlich hatte er am 21. Tag ein Erleuchtungserlebnis, verbunden mit der Gewissheit, eine Heilmethode übertragen bekommen zu haben, die er »Reiki« nannte.

»Aufbauend auf seinen zahlreichen Studien des traditionellen Shintoismus und des Mikkyo-Buddhismus (Shingon) entwickelte Mikao Usui die Technik der Einweihung in Reiki, eine Energie-Übertragung. Sie wird auch Reiju genannt. Ebenso entwickelte er die Technik Hatsurei-ho. Dies ist eine Technik zur Reinigung von Körper und Geist und zur Einstimmung auf Reiki. Diese beiden Elemente wurden für Usui die wichtigsten Grundlagen seiner Reiki-Praxis und Reiki-Lehren« (http://home.arcor.de/mindvision/reiki/reiki_usui.htm, Stand: 2. Februar 2005).

Im April 1922 ging Usui nach Tokio, eröffnete eine kleine Berater- und Heilerpraxis und gründete die »Usui-Gesellschaft für das Reiki-Heilungssystem«. Er hielt Seminare und gab seine ersten »Einweihungen« in den 1. Reiki-Grad, den er entwickelt hatte. 1924 musste er seine »Klinik« vergrößern und zog nach Nakome (außerhalb Tokios) um. Bis zum Ende seines Lebens hatte er über 2 000 Menschen mit Reiki bekannt gemacht und 17 von ihnen zu »Meistern« geweiht, davon vier Marineoffiziere und fünf buddhistische Nonnen. Mikao Usui starb am 9. März 1926 in Fukuyama (Provinz Hiroshima) an einem Schlaganfall. Sein Grab befindet sich in der Nähe des buddhistischen Saihoji-Tempels im Stadtteil Suginami, im Osten Tokios. Dort errichteten einige seiner Schüler im Februar 1927 direkt an seinem Grab einen über drei Meter hohen Gedenkstein.

ii. Reiki erreicht den Westen

Nach dem Tode Mikao Usuis entstanden zwei Reiki-Entwicklungslinien, eine in Japan und eine, die sich nach Westen ausbreitete; zu dieser wird von Frau Hawayo Takata folgende Geschichte erzählt:

Unter den vier Marineoffizieren, die Usui mit Reiki bekannt machte, war auch der Marinearzt Dr. Chujiro Hayashi (1879–1941), der im Juni 1925 seinen Meister-Grad erhielt. 1926 verließ er die von Usui gegründete Organisation und betrieb nun neun Jahre lang eine eigene Reiki-»Klinik«, gab Kurse und weihte seinerseits 17 Kandidaten in den Meister-Grad ein. Eine seiner Schülerinnen war Frau Hawayo Takata (1900–1980), die als Tochter japanischer Immigranten auf Hawaii geboren wurde. Als sich Frau Takata 1935 während eines Japanaufenthaltes ärztlich behandeln lassen wollte (Gallensteine, Tumor, Blinddarmentzündung) und schon auf dem Operationstisch lag, hörte sie eine innere Stimme, die ihr von dem Eingriff abriet, da es andere Möglichkeiten der Heilung für sie gäbe. Auf Nachfragen wies der Arzt auf die Einrichtung von Dr. Hayashi hin, die sich direkt gegenüber dem Krankenhaus befand. Dort erhielt Frau Takata in der Folgezeit jeden Tag zwei Reiki-Behandlungen und war nach vier Monaten völlig geheilt. Sie äußerte den Wunsch, die Reiki-Methode zu erlernen, um sich damit selbst gesund erhalten zu können.

Im Frühjahr 1936 wurde sie von Hayashi in den 1. Grad und zwölf Monate später in den 2. Grad eingeweiht. Dann kehrte sie nach Hawaii zurück. Im Februar 1938 erhielt sie von Hayashi, der gerade Hawaii bereiste, den Meister-Grad mit der Berechtigung, Reiki zu lehren. 1970 begann sie selbst Meister-Grade zu vergeben und hatte bis zu ihrem Tod am 11. Dezember 1980 22 Männer und Frauen in diese Grade eingeweiht. Hier endet der Überlieferungsbericht von Hawayo Takata.

Zu ihren Schülerinnen gehörten unter anderem ihre Enkelin Phyllis Lei Furumoto (persönliche Daten werden nicht genannt) und die amerikanische Philologin Dr. Barbara Webber Ray (geb. 1941 in Houston/Texas). Auf diese beiden Frauen gehen die bekanntesten Richtungen des »westlichen Reiki« zurück.

Phyllis Furumoto hat alle drei Reiki-Grade von Frau Takata erhalten und wurde von ihr zur »Großmeisterin« bestimmt. Bei einem Treffen von Reiki-Meistern 1983 auf einer Farm in British Columbia/Kanada wurde »The Reiki Alliance« gegründet und Phyllis L. Furumoto als »Großmeisterin« bestätigt. 1991 verließ sie die »Alliance«, wird aber von deren Mitgliedern weiterhin als »Trägerin der Linie« anerkannt, weil sie strikt das »Usui-Heilungs-System« vertrete. Sie unterhält jetzt ein »Großmeisterbüro«, das Materialien für Reiki-Meister anbietet. 2006 soll es rund 700 zur »Alliance« gehörende Meister in 45 Ländern gegeben haben. In Deutschland hat die »Alliance« ihren Sitz in Vellmar (bei Kassel).

Auch Dr. Barbara W. Ray, die Frau Furumote nicht als »Großmeisterin« anerkannte, sah eines Tages ebenfalls die Notwendigkeit, eine eigene Organisation zu gründen. So entstand im August 1980 in Atlanta/Georgia die »American Reiki Association«, die 1982 in »American International Reiki Association« (A.I.R.A.) umbenannt wurde und seit 1998 die Bezeichnung »The Radiance Technique International Association« (TRTIA) trägt. Das Hauptquartier befindet sich in St. Petersburg/Florida. Für Deutschland gibt es eine Anlaufstelle in Berlin.

Im Laufe der letzten 20 Jahre zersplitterte sich die Reiki-Szene immer mehr, und es entstanden Dutzende von neuen Gruppen und Spielarten dieser Heilmethode, da »freie Reiki-Meister«, die sich weder der »Alliance« noch der »TRTIA« zugehörig fühlten, ihre eigene »Tradition« begründeten. Sie vermischten dabei das »traditionelle« Reiki häufig mit neuen Einweihungsriten und religiös-weltanschaulichen Elementen ganz unterschiedlicher Herkunft.

Neben der westlichen hatte sich in Japan eine »originale« Reiki-Linie etabliert. Dabei handelt es sich um die von Usui gegründete »Reiki Heilungsgemeinschaft« mit Sitz in Tokio. Lange Zeit wirkte sie fast wie eine Geheimgesellschaft im Verborgenen, ohne Öffentlichkeitsarbeit und Werbeaktivitäten und ohne Interesse an Kontakten zur »westlichen« Reiki-Szene. Sie soll heute etwa 500 Mitglieder haben.

Die Nachfolge Usuis als »Präsident« der Organisation trat 1926 ein pensionierter Marineoffizier namens Jazuburo Ushida (1865–1935) an. Dr. Hayashi gilt hier nicht als Nachfolger Usuis, sondern nur als dessen Schüler. Seit 1999 amtiert als siebter Präsident der Universitätsprofessor Masaki Kondoh. Von Vertretern der »neuen

Informationen« (Petter, Doi u. a.) wird kritisch angemerkt, dass es in der japanischen Reiki-Linie nie irgendwelche »Großmeister« gegeben hat und dass deshalb die Takata-Linie diesen Titel nur aufgrund eigener Ermächtigung führt. Auch die Bezeichnung »Reiki-Meister« gibt es in Japan nicht; sie wurde 1970 von Hawayo Takata geprägt.

c) Theoretische Grundlagen des Reiki

Folgende Grundüberzeugung der Reiki-Gläubigen lässt sich festhalten: Es gibt eine »kosmische Energie« (»universelle Lebensenergie«), die alles Lebendige auf Erden durchströmt und am Leben erhält. Das war schon bei vielen Völkern und Kulturen bekannt. Diese »Energie« kann sich der Mensch mit Hilfe der Reiki-Technik zunutze machen, um sich selbst und andere zu heilen. Auch bei Pflanzen und Tieren wirkt diese Heilmethode.

Von dieser Annahme aus ergeben sich für Reiki-Anhänger weitere Überlegungen, die besonders für die Praxis des Reiki wichtig sind. Wer im oben genannten Sinne »heilen« will, muss dazu erst vorbereitet und »eingeweiht« werden, was ausschließlich durch einen Reiki-Meister geschieht. Dieser macht den Interessenten in Seminaren zunächst mit den Grundlagen des Reiki bekannt und weiht ihn dann in die Technik und den praktischen Umgang mit dieser »Energie« ein. Der Schüler wird dadurch zum »Reiki-Kanal« und behält diese Fähigkeit ein Leben lang. »Kanal« bedeutet, dass der Praktizierende nichts von seiner eigenen Kraft abgibt, sondern sich für andere nur als Durchlauf-Kanal der »von außen kommenden Energie« zur Verfügung stellt. Bei Selbstheilung führt er weitere Energie zu der in seinem Körper schon vorhandenen hinzu, um den Effekt zu verstärken.

Ein weiterer wichtiger Aspekt in der Reiki-Theorie ist die aus dem Kundalini-Yoga (siehe Kapitel II.2 »Yoga«) übernommene Vorstellung, dass jeder Mensch innerhalb seines physischen Körpers einen esoterisch-feinstofflichen Körper habe. Dieser bestehe aus sieben, bisweilen auch neun an verschiedenen Stellen befindlichen scheiben- oder kugelförmigen Kraftzentren, sogenannten *Chakren* (*Chakra* [Sing.], sanskrit. = »Rad«), und den entsprechenden Verbindungskanälen. Bei der »Einweihung« werden diese Kanäle vom Reiki-Meister auf geheimnisvolle Weise geöffnet und gereinigt, sodass die kosmische Energie ungehindert einströmen und sich in den Chakren sammeln kann. Von dort wird sie, beim Auflegen der Hände (etwa 10 cm vom Körper entfernt), über die Handflächen abgestrahlt.

Die Wirkung von Reiki soll sich dabei nicht nur auf den physischen Körper und damit auf die entsprechenden Krankheiten beziehen, sondern auch auf die Bereiche von Seele und Geist. So wird die »Reiki-Kraft« von vielen Praktizierenden, d. h. solchen, die aktiv »Reiki geben« oder passiv »Reiki nehmen«, als Instrument verstanden, um allgemeines Wohlbefinden und Glück sowie spirituelles Wachstum zu erreichen.

d) Reiki in der Praxis

In der Praxis geht es um Belehrungen und Einweihungen, die durch verschiedene Grade vermittelt werden, wobei ihre Anzahl variieren kann. Die meisten Anbieter halten sich jedoch an das traditionelle dreistufige System: 1. Grad, 2. Grad und 3. Grad (Meister), wobei der dritte Grad häufig unterteilt wird in Meister- und Lehrer-Grad.

i. Der 1. Reiki-Grad (Sho-Den)

Der Weg eines Reiki-Praktizierenden beginnt mit einem Seminar, bei dem eine Einweihung in den 1. Grad vorgenommen wird. Das geschieht meist an einem Wochenende, wobei an jedem Tag mehrstündige Sitzungen stattfinden. Zum Programm des Seminars gehören neben den vier »Einstimmungen«, d. h. dem Öffnen und Reinigen des »Kanals«, noch das Erzählen der Entstehungsgeschichte (je nach Tradition), das Besprechen der »Fünf Lebensregeln« des Mikao Usui, die Demonstration der verschiedenen Handpositionen und oft auch die »Chakren«-Lehre.

Dieser 1. Grad wird als der wichtigste Schritt auf dem Wege angesehen, da der Schüler durch den Meister dauerhaft »an das unerschöpfliche Reservoir universeller Lebenskraft angeschlossen wird«. Der Schüler sitzt in einem separaten Raum entspannt mit geschlossenen Augen auf einem Stuhl, während der Meister mit Handbewegungen im Uhrzeigersinn und in Gegenrichtung, mit gemurmelten Formeln und den »von Usui entdeckten Symbolen« an ihm hantiert. »Die Energien werden durch das Einstimmungsritual in Energiezentren im Körper des Schülers geleitet, damit sich der Reiki-Kanal öffnet und Reiki frei fließen kann. Bei der ersten Einstimmung werden die oberen vier Chakren geöffnet. (...) Die Energie tritt an den Chakren, den wichtigsten Energiezentren im Körper, ein. Bei der ersten Einstimmung wird das Herzchakra, bei der zweiten das Halschakra, bei der dritten das Stirnchakra und bei der vierten das Kronen- oder Scheitelchakra angesprochen. (...) Der einmal geöffnete Reiki-Kanal ist jedoch von den Chakren weitgehend unabhängig. Daher ist die Reiki-Energie auch frei von negativen Schwingungen, und der Reiki-Gebende ist vor negativer zurückströmender Energie geschützt« (Schwarz/Schweppe, *Reiki – Heilen durch Handauflegen*, S. 42). Nach diesen »Einstimmungen« soll der Schüler bereits in der Lage sein, noch während des Seminars seine neue Fähigkeit bei sich selbst und anderen anzuwenden.

ii. Der 2. Reiki-Grad (Oku-Den)

Wer den Wunsch hat, weiter in die Geheimnisse des Reiki einzudringen und seine heilenden Fähigkeiten zu vervollkommnen, »um noch mehr Energie zu kanalisieren«, kann sich für den 2. Grad anmelden. Empfohlen wird dies frühestens zwei bis drei Monate nach der ersten Stufe, da der Schüler eine Zeit der praktischen Erfahrung gehabt haben sollte. In der japanischen Tradition können sogar einige Jahre zwischen dem 1. und 2. Grad liegen.

In den vorliegenden Werbeschriften klingen die Verheißungen des 2. Grades für Reiki-Anhänger vielversprechend. Hier einige Beispiele: Die Effekte von Reiki werden durch diesen Grad verstärkt; direkter Kontakt mit dem eigenen Unterbewusstsein ist möglich; man wird auf eine »höhere Schwingungsebene« versetzt mit einer Sensibilisierung für das Feinstoffliche und die Intuition; nicht nur der Körper, auch der Geist und die Seele können geheilt werden; tief liegende, sonst unerreichbare Denk- und Gefühlsblockaden lassen sich auflösen.

Zunächst gibt es bei diesem Seminar zum 2. Grad weitere Belehrungen und Einstimmungen. Als Höhepunkt werden vom Meister die drei Symbole dieses Grades mit den dazugehörigen Mantras an den Schüler übergeben, der sie dann lernt. [Anmerkung: Ein »Mantra« (von Sanskrit *man* = Geist; *tra* = befreien) wird im Buddhismus und Hinduismus als eine kraftgeladene Meditationssilbe bzw. eine Folge von Silben verstanden, deren Klang bestimmte Schwingungen erzeugen soll, um mit dem »Göttlichen« in sich selbst oder auch dem »Transzendenten« in Kontakt treten zu können. Im Hinduismus sind Mantras Code-Worte für bestimmte Götter, mit denen man sich verbinden will. Von Gurus vergebene Mantras müssen strikt geheim gehalten werden.]

Den einzelnen Reiki-Symbolen wird jeweils eine bestimmte Funktion zugeschrieben. Außerdem können sie als »Schlüssel« dienen, um die höheren Ebenen des Bewusstseins zugänglich zu machen.

cho ku rei

Das erste Zeichen ist das Symbol der Kraft oder auch des Schutzes mit dem Mantra »Cho-ku-rei«. Die Silben des Wortes können folgendermaßen übersetzt werden: *cho* = ich verbinde; *ku* = Kraft, Energie; *rei* = Universum, Geist. Wenn die Silben zusammengefasst werden, ergeben sich diese Bedeutungen: »Alle Energie des Universums ist hier« bzw. »Gott ist hier«. Damit soll Reiki in der Selbst- und Fernbehandlung verstärkt werden, was durch dreimaliges Rezitieren des Mantras und durch Visualisieren oder In-die-Luft-Zeichnen des Symbols geschieht. [Anmerkung: »Visualisieren« heißt, ein Bild oder einen Gegenstand vor seinem geistigen Auge ganz real entstehen zu lassen.]

Wenn die Hände aufgelegt werden, strömt nun Reiki, unterstützt von der Kraft des Symbols und des Mantras, gewaltig durch die Handflächen. Praktizierende haben, im Vergleich mit der Kraft des 1. Grades, von dem Gefühl berichtet, als ob sie eine 50-Watt-Lampe gegen eine 500-Watt-Lampe ausgetauscht hätten.

Die Anwendungsmöglichkeiten dieses Zeichens sind vielfältig: »Dieses Symbol wird benutzt, um sich zu Beginn einer Sitzung mit dieser Energie zu verbinden und um sie zu verstärken, die während einer Sitzung benötigt wird. Weiter wird es verwendet, um alles mit dieser Macht aufzuladen: Medizin, Kristalle, Nahrung, Getränke, Maschinen und Werkzeuge, mit denen man arbeitet, usw. Ein anderer wichtiger Gebrauch dieses Symbols ist die Reinigung eines Raumes oder das Klären negativer Energie, zum Beispiel in unguten Situationen. Und es versiegelt die Licht-Energie, wenn man es am Ende einer Heilungs-Sitzung benutzt« (http://www.paranormal.de/paramirr/geo/symbol/info/reiki/intro.htm, Stand: 21. September 2006).

sei he ki

Das zweite Zeichen mit dem Mantra »Sei-he-ki« ist das »Mental-« oder »Harmonie-Symbol«. Die einzelnen Silben bedeuten Folgendes: *sei* = ich zeige mit; *he* = dem Bogen auf; *ki* = Energie, Licht. Die gesamte Bedeutung kann mit »Mensch und Gott vereinigen sich – werden eins« übersetzt werden. Durch Visualisieren des Symbols und dreimaliges Rezitieren des Mantras erfolgt Reinigung und Harmonie entsteht. Reiki gelangt in das Unterbewusstsein bzw. in den Bereich der Gefühle, um dort die Blockaden als Ursache für Krankheiten aufzulösen.

hon sha ze sho nen

Das dritte Symbol besteht aus japanischen Schriftzeichen und ist mit dem Mantra »Hon-sha-ze-sho-nen« verbunden. Es dient als »Raum-Zeit-Symbol«. Die Silben werden auf folgende Weise interpretiert: *hon* = Geist, Ursprung; *sha* = Verstand, Überleben; *ze* = Sein, Dasein, Raum; *sho* = Emotionen, Gefühle; *nen* = Aufmerksamkeit, Bewusstsein. Zusammengefasst ergeben sie diese Bedeutungen: »Von dem Universum, durch das Universum (das Göttliche in mir verbindet sich mit dem Göttlichen in dir)«. Mit Hilfe dieses Zeichens soll es möglich sein, Fernheilungen vorzunehmen: Reiki wird über Raum und Zeit gesendet, an jeden Punkt der Erde sowie in die Vergangenheit und Zukunft. Auf die Vergangenheit gerichtet soll Reiki die Kraft haben, »karmische Blockaden eines früheren Lebens« (siehe Kapitel II.1. »Karma und Reinkarnation«) zu lösen. In die Zukunft gesandt lädt es beim Empfänger »Batterien« auf und ist dann im Ernstfall abrufbar, beispielsweise bei Examensprüfungen oder Gerichtsverhandlungen.

»Das Fernheilungszeichen ist eine Brücke durch Raum und Zeit. Es kann dich verbinden mit allem, was du liebst: mit dir selbst, mit Bäumen, Mitmenschen, Bergen, den Elementen, den Sternen, den Plätzen der Kraft. Stelle dir einfach vor, mit was auch immer Wohltuendem du dich verbinden möchtest, zeichne in Gedanken das Symbol und rezitiere in Gedanken dreimal Hon-Sha-Ze-Sho-Nen, sodass seine Kraft dich mit dem Objekt deiner Vorstellung verbinden kann. (...) Ein sehr schönes Beispiel ist, ein Kinderfoto von sich selbst in der Hand zu halten, Hon-Sha-Ze-Sho-Nen zu rezitieren und dann das Foto mit beiden Händen auf das Herzchakra zu legen« (Art. »Reiki 2. Grad«, http://www.silence-meiners.de/pages/reiki2.html, Stand: 11. September 2006).

iii. Der 3. Reiki-Grad (Shinpi-Den)

Einige der Praktizierenden verspüren nach dem 2. Grad das Verlangen, auch noch den dritten, den Meister-Grad, zu erwerben, um Reiki eventuell sogar zu ihrem Beruf zu machen. Das sollten sie frühestens 12 bis 18 Monate nach der zweiten Stufe in die Tat umsetzen, da die Entscheidung, ob man Reiki-Meister werden möchte, sehr gut überlegt sein sollte, worauf auch in Reiki-Materialien immer wieder hingewiesen wird. Weiter ist dort zu lesen, dass bei dieser Einweihung die Verbindung zum »inneren Meister«, zur »wahren Natur«, zum »höchsten Selbst« hergestellt wird. »Der Meister-Weg ist der Weg des Herzens«; das bedeute große Verantwortung für sich selbst und andere zu übernehmen sowie das Versprechen und die Verpflichtung, »sein Leben Reiki zu widmen«.

Der Interessent sucht sich einen Meister bzw. eine Meisterin und erhält, bei gegenseitiger Akzeptanz, die entsprechende »Einweihung in das Meister-Symbol«. Auch dieses besteht aus japanischen Schriftzeichen (siehe Grafik), verbunden mit dem Mantra »Dai-ko-mio« (= großes scheinendes Licht) »Es ist eines der stärksten Mantras der Welt zur Anrufung des göttlichen Lichts: Es verbindet uns wieder mit unserem göttlichen Ursprung und macht uns fließend und frei. Es verkörpert unsere Einheit mit allem, was ist. Das Ziel des dritten Reiki-Grades ist es, zu lernen, für immer im Licht zu leben, sozusagen das ›Licht‹ zu sein« (http://www.koerperharmonie.de/Reiki-Grad3.htm, Stand: 5. September 2006). »Das Meistersymbol ist ein Angebot des Lebens zum inneren Frieden. (...) Es entwickelte sich das Vertrauen, das Steuer des Lebens jener Macht überlassen zu können, die eine Dimension von uns selbst ist, die Lao-Tse einst Tao genannt hat und die Christen Gott nennen« (Art. »Reiki 3. Grad«, http://www.silence-meiners.de/pages/reiki3.html, Stand: 5. September 2006).

dai ko mio

e) Pro und Kontra

In den Werbeschriften der Reiki-Szene, bisweilen auch in Zeitschriften als Reaktion auf Kritik, finden sich immer wieder Erfahrungsberichte, die die Erfolge der Reiki-Methode voller Begeisterung schildern. Hier sind einige Beispiele:

- »Seit sechs Jahren bin ich Patientin von Herrn ... Er ist Reiki-Lehrer und -Meister. Seine Behandlungen haben mich von meinen Gürtelrosebeschwerden befreit und haben mir neue Kraft, Energie und Lebensfreude wiedergegeben. Dafür bin ich ihm sehr dankbar. L. B.-W., Rentnerin« (http://www.reiki-praxis.de/reiki_praxis/reiki-erfahrungen.htm, Stand: 5. September 2006).
- »Meine Nachbarin hatte den rechten Knöchel verstaucht. Obwohl der Unfall schon acht Wochen her war, hatte sie immer noch starke Schmerzen, und der Fuß war geschwollen. Nach 30 Minuten Reiki-Behandlung war der Schmerz verschwunden. Am nächsten Tag rief sie an und berichtete, dass der Schmerz nicht wiedergekommen sei. Ursel, Chemielaborantin« (ebd.).
- »Mit Interesse habe ich Ihren Artikel gelesen. Auch bei Reiki sind leider viele Halbwissende und Scharlatane am Werk. Ich bin Lehrerin an einer Grundschule, habe den sog. ersten Grad Reiki erlernt und erlebe Reiki für mich und die Schulkinder als große Lebenshilfe. Der Grad der Entspannung, der erreicht werden kann, ermöglicht Kindern eine wesentlich gelassenere Grundstimmung zu behalten in Stresssituationen, sprich Klassenarbeiten. Durch diese Gelassenheit haben Kinder schon die Erfahrung machen dürfen, beispielsweise gute und sehr gute Diktate zu schreiben, obwohl sie als Legastheniker galten. Wiltraud A., Herford« (Leserbrief Westfalen-Blatt, Bielefeld, 10. Februar 1994).

Es gibt jedoch auch negative Erfahrungen, wofür der Bericht einer jungen Frau aus Dortmund stehen soll, die von einer Freundin für das Reiki-Seminar des 1. Grades angeworben wurde:

»Wir wurden jeder einzeln in ein Nebenzimmer geführt. Die ›Meisterin‹ setzte mich auf einen kleinen Holzschemel. Ich sollte die Augen während der ganzen Prozedur schließen. Sie erklärte mir, dass jetzt etwas Wunderbares mit mir passieren würde. Sie würde nämlich jetzt die Kanäle in meiner Aura öffnen, durch die dann für den Rest meines Lebens universelle Reiki-Energie fließen würde. Ich schloss meine Augen und hörte, wie sie ein kleines Fläschchen öffnete und etwas zwischen ihren Händen verrieb. Dann bemerkte ich einen angenehmen, aber fremden Geruch. Sie fuchtelte mit ihren Händen um meinen Kopf herum, und mir wurde sofort beim ersten Einatmen schwindelig. Sie sagte mir, das wäre jetzt ganz normal, denn ich wäre diese Menge an ›Energie‹ in meinem Kopf nicht gewöhnt. Außerdem würden sich jetzt alle Blockaden in mir lösen. Sie lächelte mich feierlich an, nahm meine Hände und führte sie in der Mitte wie zum Gebet zusammen. Sie sagte: ›Deine Hände werden jetzt ganz heiß.‹ Ich fühlte mich wie auf Wolken, und meine Hände wurden wirklich ganz heiß. (...) Ich musste mich hinlegen, denn ich schwankte beim Gehen; mir war furchtbar schwindelig, und ich sah bunte Farben und Kringel – auch mit offenen Augen. (...) Die ›Meisterin‹ erklärte, das wäre ein Zeichen für die geöffneten ›Chakren‹ an meinem Kopf und ganz normal. Ich bin Asthmatikerin und musste nach Luft schnappen. Die ›Meisterin‹ lächelte mich an und erklärte mir, dass ich ab jetzt nie mehr mein Atemspray nehmen müsse. Die Kraft von Reiki hätte meine Bronchien mit so viel Energie versorgt, dass ab jetzt dort alles wieder gesund wäre.

Meine bunten Farben und Kringel vor den Augen wurde ich stundenlang nicht los. Angeblich wäre bei mir das ›Augen-/Nervenchakra‹ wohl extrem hoch mit Energie versorgt worden, erklärte die ›Meisterin‹. Nach ein paar Stunden fühlte ich mich total down und musste sogar spontan anfangen zu weinen. Wieder wurde ich beruhigt mit der Erklärung der ›Seelenreinigung‹. Das wäre etwas, was ich in der Vergangenheit nicht verarbeitet hätte, und das käme ›jetzt raus‹, und dann wäre es ›für immer verschwunden‹. Zu Hause merkte ich einige Tage später, dass meine Hände kalt waren, mir DM 350,– fehlten (so viel hatte das Seminar gekostet), mein Asthma zurückkam und meine Rückenschmerzen trotz Handauflegens nicht verschwanden. Ich habe mir alles gründlich überlegt und muss zu dem Schluss kommen, dass man mir den Verstand mit einer Atem-Droge vernebelt hatte und mir tatsächlich weismachen wollte, ich wäre jetzt so eine Art ›Jesus 2000‹. Ich habe den Kontakt zu diesen Leuten abgebrochen« (Daniela H., Dortmund, im Mai 2002. Text im Archiv des Autors).

f) Kritische Anmerkungen

Bei der Beobachtung der Reiki-Szene im Westen und der Analyse ihrer Theorie und Praxis ergeben sich einige Fragen, sowohl aus allgemeiner als auch aus christlicher Sicht.

Zunächst fällt auf, dass bei der Darstellung der »Entstehungsgeschichte«, die ja zum Schulungsmaterial gehört, von den meisten Anbietern im Westen immer noch die von Hawayo Takata stammende Legende verbreitet wird. Danach »geistert« Mikao Usui weiterhin durch die Reiki-Schriften und -Vorträge als »Dr. Usui«, »christlicher Mönch« oder sogar als »Theologie-Professor«, der Europa, Amerika und China bereist, an der Universität Chicago studiert und dort einen Doktor-Grad erworben habe. In Wirklichkeit war Usui zeit seines Lebens Buddhist und weder in Europa noch in Amerika unterwegs. Es gibt keine seriösen Dokumente, dass er solche Reisen unternommen und in Kyoto oder Chicago den akademischen Grad eines Doktors erlangt habe. Vielleicht ist das Missverständnis eines »promovierten« Usui dadurch entstanden, dass er in Japan »Usui Sensei« genannt wurde. Der Titel »Sensei« bedeutet »Meister«, womit Lehrern, Künstlern, Ärzten usw. Respekt erwiesen wird.

In der Reiki-Szene gilt nun bisweilen die Überzeugung, dass Hawayo Takata aufgrund der im Zweiten Weltkrieg und danach in den USA herrschenden feindlichen Stimmung gegenüber Japan Mikao Usui und dessen Heilmethode »christianisiert« habe und ihn in Chicago »Theologie studieren« ließ, um Reiki eine Tür nach Westen zu öffnen und es mit dem christlichen Glauben vereinbar erscheinen zu lassen.

In Bezug auf die Theorie und Praxis des Reiki lässt sich Folgendes festhalten: Die Grundlage des Reiki-Systems bildet das aus dem Taoismus stammende esoterische Denkmodell einer »kosmischen Energie«, die das Universum durchflutet. Diese wird von der elektrischen, kinetischen oder anderen Formen physikalischer Energie unterschieden, indem Reiki-Anhänger sie als »spirituell«, »göttlich« oder »lebendig« bezeichnen. Obwohl es für deren Existenz keine allgemein anerkannten wissenschaftlichen Beweise gibt, beharrt man in der Szene darauf, diese »göttliche Energie« doch nachweisen zu können. Dies kann allerdings nur mit Hilfe esoterischer »Techniken« geschehen, z. B. durch »Aura-« und »Kirlianfotografie«. Die Stanford Universität in Kalifornien habe »mit sehr feinen Messgeräten festgestellt, dass die Reiki-Energie über den Kopf (das Scheitelchakra) eintritt und durch die Hände wieder ausströmt und sich spiralförmig gegen den Uhrzeigersinn fortsetzt. Das feinstoffliche Energiefeld des Menschen (Aura) lässt sich zum Teil durch Kirlianfotografie sichtbar machen« (http://www.reiki-behandlungen.ch/html/reiki_und_wissenschaft.html, Stand: 8. September 2006).

Des Weiteren sind Reiki-Praktizierende davon überzeugt, mit dieser Energie ein Werkzeug in der Hand zu haben, um Heilungsprozesse in Gang zu bringen bzw. zu begleiten. Das *offizielle Reiki-Handbuch* von Barbara Ray zählt 385 krankhafte Störungen auf (von AIDS, Allergien und Alzheimer über Bettnässen, Bluthochdruck, Frühgeburten, Haarausfall, Hühneraugen, Mongolismus bis Tuberkulose und Tumore), bei denen Reiki »erfolgreich« angewendet werden kann, allerdings mit der Einschränkung: »Reiki ersetzt keine ärztliche Behandlung« (Ray, *Offizielles Reiki-Handbuch*, S. 27). So geben die meisten Reiki-Gläubigen denn auch zu, dass ihre esoterische »Energie« schwere organische Krankheiten wie Krebs, Alzheimer, Diabetes, Herzschwäche usw. nicht zu heilen in der Lage sei, sondern nur die Kunst der sonst von ihnen kritisierten Schulmedizin in solchen Fällen beim Gesundungsprozess unterstütze. Damit ist die Wirkungsweise der angeblich »göttlichen Energie« doch schon wesentlich abgeschwächt im Vergleich zu manchen Behauptungen, dass Reiki die »mächtigste Kraft im

Universum« sei. Wenn diese Heiltechnik also auf die Funktion der Aktivierung von Selbstheilungskräften im psychosomatischen Bereich beschränkt ist – ein Effekt, den fast jeder Mensch, der sich einem Kranken in guter Weise zuwendet, ebenfalls erzielen kann –, dann stellt sich doch die Frage, warum es im Reiki-System geheimnisvolle Symbole, Mantras und »Einweihungen« geben muss. Die Antwort lautet: Weil die hier verwendeten Zeichen eine ganz andere Bedeutung und Funktion haben als normale Symbole unseres Alltags wie z. B. Kreis, Kreuz, Dreieck, Viereck, Stern oder Piktogramme. Den Reiki-Zeichen werden vielmehr magische Kräfte zugeschrieben, die auf Körper, Seele und Geist einwirken und die deshalb lange geheim gehalten werden mussten. So wird die Notwendigkeit begründet, dass nur ein »Meister« durch »Energieübertragung« (jap. *Reiju*) auf einen »Schüler« den Gebrauch der Symbole und Mantras ermöglicht.

Bei einer Analyse des Reiki-Systems dürfen der geografische Bereich (Japan) und der religiöse Zusammenhang (Buddhismus), die bei der Entstehung dieser Heilmethode eine wesentliche Rolle spielten, nicht außer Acht gelassen werden. Reiki-Anhänger behaupten stets, dass es sich bei ihrer Bewegung nicht um eine Religion oder Sekte bzw. einen Kult handele. Das ist insoweit richtig, als es hier keine einheitlich und straff geführte Organisation mit »Propheten«, »neuen Offenbarungen« und eigenen »heiligen Schriften« gibt. Aber schon die hinter Reiki stehende Weltanschauung sowie der rituelle Gebrauch der Symbole und Mantras widerlegen die Beteuerung, die Reiki-Praxis sei ganz »neutral« und auch mit dem christlichen Glauben vereinbar. Diese Aussage ist entweder als bewusste Verschleierung der wahren Hintergründe oder als schlichte Ignoranz zu verstehen. Der religionsgeschichtliche Rahmen verdeutlicht diese Kritik.

Reiki-Begründer Usui war aktiver Anhänger des japanischen Buddhismus in seiner esoterischen Ausprägung als »Tendai« und »Shingon«. In den beiden Schulen werden Erleuchtung und Erlösung des Menschen mit Hilfe magischer Praktiken angestrebt, u. a. durch das Rezitieren von Formeln und Mantras sowie die Verehrung buddhistischer Gottheiten. Diese Elemente sind auch hinter den vier Reiki-Symbolen zu erkennen.

Die ersten beiden Zeichen finden sich häufig an den Wänden von Tempeln der Tendai-Sekte und gelten als Verkörperung der »Erd-« bzw. der »Himmelsenergie«, ein Konzept, das auch im »Shintoismus« (der ursprünglichen Religion Japans) begegnet. Wichtiger aber ist die Verbindung zu einzelnen Gottheiten. Das erste Symbol ist mit »Daiseishi Bosatsu« verknüpft, dem Buddha, der »gewaltig voranschreitet und die Kraft der Weisheit besitzt, um im Menschen die Buddha-Natur [sein wahres Wesen] zu erwecken und ihn auf den Pfad der Erleuchtung zu bringen« (http://www.shingon.org/deities/deities.html; Stand: 29. September 2006). Mit dem Mantra »Cho-ku-rei« soll die Erdenergie »aktiviert« werden.

Das zweite Zeichen weist auf den Buddha »Amida Nyorai« hin, der Hauptgottheit der Sekte des »Reinen Landes«. Er ist der Buddha des »Grenzenlosen Lichts«. Wer ihn permanent mit der Formel »Namu Amida Butsu« (= Verehrung des Buddha Amida) anruft und sich auf seine Gnade verlässt, erlangt Erlösung und geht in das Paradies des »Reinen Landes« ein. Das Mantra »Sei-he-ki« soll die »himmlische Licht-Energie« hervorrufen.

Das dritte Symbol, die fünf Schriftzeichen, wird häufig mit »Avalokiteshvara« (= der Klang, der die Welt erleuchtet) verbunden, einem »Bodhisattva« (Erleuchtungswesen), das Barmherzigkeit ausstrahlt und seine Energie auf die Erlösung der Menschen ausrichtet. In Japan wird er »Kannon« genannt und meist in weiblicher Form als Göttin dargestellt. Das Mantra »Hon-sha-ze-sho-nen« soll Bewusstseinsenergie erwecken.

Das vierte Zeichen, das »Meister-Symbol« (es findet sich z. B. an den Wänden der Tempel auf dem Kurama-Berg), verkörpert die Hauptgottheit der Shingon-Sekte »Dainichi Nyorai« (= Großer scheinender Buddha). In der japanisch-buddhistischen Religiosität wird diese Gestalt verstanden als der »Große Buddha der universalen Erleuchtung«, dessen Licht die Dunkelheit der Welt vertreibt und das Leben alles Lebendigen erhält. Das Mantra »Dai-ko-mio« soll für den Reiki-Meister in diesem Sinne »Helligkeit und Erleuchtung« hervorbringen, ihn für das »große Licht« öffnen und ihm durch dieses Licht »Schutz« gewähren.

So ist es nur folgerichtig, wenn in einigen Materialien zum »Meister-Kurs« die Vermutung geäußert wird, der Reiki-Meister repräsentiere das Symbol und werde selbst zum »großen Licht«. Eine Meisterin schlägt für die Praxis vor: »Zeichne das Symbol mit der Hand vor dich in die Luft und aktiviere es dreimal mit dem Mantra. Stell dir nun vor, wie vor dir eine Lichtsäule entsteht. Gehe nun in diese Lichtsäule hinein. Jetzt bist du in der Meisterenergie. Bitte, dass dich die Lichtsäule begleitet« (Karin S. aus Schwerte; in: »Der Meister-Grad«, hektografiertes Seminar-Material, August 2002, S. 8).

Aus dem Vorhergehenden ergeben sich nun auch vom christlichen Standpunkt aus kritische Anmerkungen. Wenn Reiki-Anhänger im Westen, die sich als Christen verstehen, davon überzeugt sind, dass ihre Praktiken mit dem christlichen Glauben vereinbar seien, dann muss dieser Meinung entschieden widersprochen werden. Das Zeugnis des Neuen Testaments ist hier eindeutig. Es bezeugt Jesus als den Heiler, der sich den Menschen zuwandte, sie zunächst von Schuld und Sünde freisprach und dann ihre körperlichen oder seelischen Gebrechen heilte (vgl. Markus 2). Diese Wunderheilungen waren aufblitzende Zeichen für das kommende (aber schon angebrochene) Reich Gottes, in dem Krankheit und Tod, Leid und Schuld nicht mehr sein werden. Jesus hat nicht geheilt, indem er heidnische Symbole visualisierte oder in die Luft zeichnete und dazu Mantras murmelte. Er hat auch nicht über irgendeinen aus Chakren und Energiekanälen bestehenden feinstofflichen Körper des Menschen Vorträge gehalten und seine Jünger in esoterische Heilmethoden eingeweiht, geschweige denn solche »Techniken« verkauft (vgl. Apostelgeschichte 8,17-20).

Das Auflegen der Hände ist ein uralter christlicher Brauch. Wenn Christen aufgrund ihres Glaubens und in Erfüllung des Auftrages Jesu diese Geste etwa bei Leidenden anwenden, dann bitten sie den lebendigen Gott um seinen Segen und um Heilung für die Kranken. Sie verknüpfen sich nicht auf rituelle Weise mit einer unpersönlichen »kosmischen Energie«, die angeblich durch geheimnisvolle Symbole und Mantras »aktiviert« werden könne, um dadurch einen magischen Heilautomatismus in Gang zu bringen.

Zudem widerspricht die aus dem Buddhismus stammende »Licht-Magie« des Meister-Grades dem Neuen Testament. Das Johannes-Evangelium bezeugt klar und unmissverständlich, dass Jesus Christus, der Sohn Gottes, das Licht schlechthin ist, wenn darin Jesus zitiert wird: »Ich bin das Licht der Welt. Wer mir nachfolgt, wird nicht wandeln in der Finsternis, sondern wird das Licht des Lebens haben« (Johannes 8,12).

Reiki-Praktizierende, die ihr Christsein ernst nehmen wollen, müssen sich entscheiden, wem sie ihr Vertrauen schenken: visualisierten »Spiralschnecken« und japanischen Schriftzeichen, Mantras und »Licht-Buddhas« oder dem von der Bibel bezeugten lebendigen Gott, der Herr über Leben und Tod, über Gesundheit und Krankheit ist. Beidem zu vertrauen geht nicht. »Da trat Elia zu allem Volk und sprach: Wie lange wollt ihr noch auf beiden Seiten hinken? Wenn der Herr Gott ist, so wandelt ihm nach; ist's aber Baal, so wandelt ihm nach« (1. Könige 18,21).

Literatur

- Bernd Dürholt, »Reiki – Heilende Hände?« in *Münchener Texte und Analysen*, München, 1999

2. Bachblüten

a) Beobachtungen

Von den alternativ-esoterischen Heilmethoden gehört die Bachblütentherapie, neben der Homöopathie, in westlichen Ländern inzwischen zu den beliebtesten, aber auch umstrittensten Anwendungsmethoden.

Nicht nur einschlägig esoterische Zeitschriften, wie beispielsweise die zweimonatlich erscheinende *esotera*, berichten immer wieder positiv über dieses besondere Heilangebot, sondern bisweilen auch Frauen- und Gesundheitsmagazine, Illustrierte usw. und sogar die in Apotheken ausliegenden Periodica. So brachte z. B. die Illustrierte *LISA* am 10. Mai 2000 eine große, mehrseitige Reportage unter der Überschrift »Bachblüten und Edelsteine – Gemeinsam sind sie unschlagbar. Kombinieren Sie Ihre ganz persönlichen Wohlfühl-Helfer«. Und die BILD-Zeitung berichtete am 24. August 2001 ausführlich darüber, »Wie Blüten gegen Liebeskummer helfen«.

In dem Online-Beratungsservice »Lifeline Wellness« konnte man am 19. April 2003 lesen, dass verschiedene Krankenkassen in der Schweiz die »Bachblütentherapie« in ihren Leistungskatalog aufgenommen haben: »Die Frau im Erfrischungsraum des Flughafens tröpfelt sich etwas mit einer Pipette auf die Zunge. ›Flugangst‹, sagt sie entschuldigend. Oder: Die Nachbarin verstreicht ein paar Tropfen auf der Nase der total verängstigten Katze in ihrem Transportkörbchen. Oder: ›Hast du Notfalltropfen?‹, fragt die eine Freundin die andere, die gerade erfahren hat, dass ihr Freund sich von ihr trennen will. Was hier getröpfelt oder empfohlen wird, sind Bachblüten-Essenzen, die seit gut 60 Jahren auf Erfolgskurs sind und mittlerweile ihren festen Platz in vielen Handtaschen und Kühlschränken haben. Und einige Krankenkassen haben die Bachblütentherapie in ihre komplementärmedizinische Zusatzversicherung aufgenommen. Die Helsana Versicherungen bereits seit 10 Jahren. Und warum? Zumal die Bachblütentherapie – je nach Blickwinkel – auch in die Esoterikecke gedrängt werden kann? ›Es ist die Freiheit der Kasse, welche komplementärmedizinische Methode sie versichern will‹, gibt man sich seitens der Helsana in Zürich zurückhaltend; die Aufnahme der Bachblütentherapie in die Zusatzversicherung sei einfach ›historisch gewachsen‹. – In Bern ist zum Beispiel die Bollwerk-Apotheke auf Bachblüten spezialisiert. ›Wir empfehlen Bachblüten bei seelischen Problemen‹, sagt Drogistin Christine Berger, ›jetzt im Frühling vor allem bei Prüfungsangst.‹ Gute Erfahrungen hat man auch bei hyperaktiven Kindern gemacht. Oder mit Kindern und Erwachsenen, die unter Trennungen leiden. ›Es geht darum,

Seelenmissstände auszugleichen, wenn Körper und Seele nicht im Gleichgewicht sind.‹ Und ist sie sicher, dass die Bachblüten etwas nützen? ›Sie wirken auf jeden Fall‹« (Angelica Schorre, http://www.espace.ch, Stand: 19. April 2003).
Im Vierteljahresprogramm des katholischen »Kirchlichen Bildungswerkes im Dekanat Brilon-Marsberg e.V.« (Nordrhein-Westfalen) fand sich für den 13. März 1998 folgende Ankündigung: »Blüten nach Dr. Bach – Der Vortrag, einfühlsam und informativ, soll einen Einblick in die Entfaltung und Anwendung der Blütenessenzen geben. Die entwickelte Methode von Dr. Bach soll helfen, sich selbst zu finden. Es werden verschiedene Möglichkeiten und Wege vorgestellt, um die Gesundheit zu stärken und zu festigen. Veranstaltungsort: ehemalige Schule, Flessinghauser Straße, Leitmar. Referentin: Barbara B., St. Augustin« (Januar-März 1998, S. 37).

In der arabischen (englischsprachigen) Tageszeitung *The Gulf Today* vom 1. Februar 2001 war eine halbseitige Anzeige geschaltet, mit der auf die Eröffnung eines »Siraaj« genannten »Natural Therapy Center« erstaunlicherweise in Dubai am Persischen Golf hingewiesen wurde. Zum Angebot des immer noch existierenden Instituts gehört das gesamte Spektrum alternativ-esoterischer Therapien (Aroma, Hypno, Reiki, Kristall, Aura Soma u. a.) mit Schwerpunkt Reiki und Bachblüten, zu denen auch gezielt »Workshops« angeboten werden.

b) Entstehung und Geschichte

Die sogenannte »Bachblütentherapie« geht auf den englischen Arzt Edward Bach zurück, der am 24. September 1886 in Moseley bei Birmingham/England als Ältester von drei Geschwistern geboren wurde. Seine Eltern stammten aus Wales. Sie betrieben in Birmingham eine Messinggießerei, in der der junge Edward zwischen 1903 und 1906 eine Lehre absolvierte. Er soll sich in dieser Zeit schon für die psychische Situation der Arbeiter in der Firma interessiert haben, als er ihre Einsamkeit, Entfremdung, Apathie oder Angst vor Entlassung und Krankheit beobachtete. Er glaubte, dass diese

Edward Bach

Zustände sich auch auf die Gesundheit der Arbeiter auswirke. Edward kam zu der Überzeugung, dass die Tätigkeit in der Messinggießerei nicht sein Lebensberuf sein sollte, und schwankte zwischen Theologie- und Medizinstudium.

Mit finanzieller Unterstützung seiner Eltern studierte er ab 1906 Medizin an der Universität Birmingham und am University College Hospital (Universitätsklinik) in London, wo er 1912 das Examen ablegte. Nach der Approbation (1914) wurde er Leiter der Unfallstation an dieser Klinik und arbeitete auch als Assistent an deren Abteilung für Bakteriologie und Immunologie.

Im Juli 1917 erlitt Bach einen gesundheitlichen Zusammenbruch und musste wegen eines bösartigen Milztumors operiert werden. Die behandelnden Ärzte gaben ihm eine Überlebensspanne von drei Monaten. Doch der starke Wunsch, seine Arbeit und Forschungen fortzuführen, ließen ihn die Krise überwinden und gesunden.

In dieser Zeit wuchsen bei Bach die Zweifel an den Methoden der Schulmedizin. Er eröffnete in der Harley Street in London eine eigene Praxis, die großen Zulauf hatte, und konzentrierte sich im Praxisalltag mehr auf die psychischen Aspekte im Krankheitsgeschehen seiner Patienten.

Als es in der zweiten Hälfte des Jahres 1918 Streitigkeiten mit der Verwaltung der Universitätsklinik gab – diese verbot alle beruflichen Nebentätigkeiten ihrer Ärzte –, kündigte er und erhielt im Mai 1919 eine Anstellung im Homöopathischen Krankenhaus in London. Hier beschäftigte er sich mit Samuel Hahnemann (1755–1843), dem Begründer der Homöopathie, und dessen Hauptwerk *Organon*. In einem kleinen Privatlabor betrieb er seine bakteriologische Arbeit weiter und entwickelte aus sieben Bakterienstämmen auf homöopathischer Basis sieben Impfstoffe, die seiner Meinung nach jedoch noch zu »roh« waren und zudem Anteile von krankheitserregenden Stoffen enthielten. Also machte er sich auf die Suche nach »reineren Heilmitteln«.

Von 1928 an begann Bach, sich langsam aus dem wissenschaftlichen Medizinbetrieb zurückzuziehen, weil er meinte, dass »Heilung« weniger in den Laboren als vielmehr in der Natur zu finden sei. Im März 1930 verkaufte er seine Praxis. Mit seiner engsten Mitarbeiterin Nora Weeks (1896–1978), einer ehemaligen Röntgenassistentin und Heilgymnastin, streifte er in der Folgezeit auf zahlreichen Wanderungen unter anderem durch Wales und Südengland, auf der Suche nach bestimmten Pflanzenarten und Blüten, von denen er aufgrund seiner »Intuition« glaubte, dass sie verschiedenen disharmonischen Gemütsverfassungen des Menschen entsprächen.

Bis 1933 fand Bach auf diese Weise 19 Blüten und hielt seine selbstgestellte Aufgabe damit für beendet. Nachdem er sich im April 1934 in dem kleinen Ort Sotwell im Themsetal (Grafschaft Oxfordshire) niedergelassen und einen kleinen Bauernkotten namens »Mount Vernon« bezogen hatte, merkte er jedoch, dass seine Sammlung noch nicht vollständig war, und »entdeckte« ab März 1935 in seiner neuen Wohngegend weitere 18 geeignete Blüten, meistens von Bäumen und Büschen. In den Tagen vor dem Auffinden der einzelnen Pflanzen soll er genau die seelischen Stimmungen oder Beschwerden bis hin zu organischen Symptomen selbst erlebt haben, für die er das Heilmittel suchen wollte. Erst als er die Pflanze entdeckte, hörten die Beschwerden auf. Schließlich war er der Meinung, das »System« sei wirklich abgeschlossen und nicht mehr erweiterbar.

Seine »Forschungsergebnisse« legte Bach in verschiedenen Schriften nieder, unter anderem in den Büchern *Heal Thyself* (Heile dich selbst, 1931) und *The Twelve Healers and Other Remedies* (Die Zwölf Heiler und andere Arzneien, 1933). Er plante eine längere Vortragsreise, konnte aber nur den ersten Vortrag am 24. September 1936 in Wallingford halten. Am Abend des 27. November 1936 starb Edward Bach an Herzversagen.

Die Mitarbeiterin und Biografin Bachs, Nora Weeks, beschreibt in ihrem Buch *Edward Bach – Entdecker der Blütentherapie* den Arzt so: »Bach hatte die Heilkunst niemals als einen Brotberuf aufgefasst, sondern immer als göttliche Kunst betrachtet. Und er gewann immer mehr die Überzeugung, dass jene, die das Privileg genossen, wahre Heilkunst auszuüben, ihre Dienste frei von materiellen Überlegungen anbieten sollten« (S. 51). – »Seine herausragende Persönlichkeit, sein intuitives Wissen, seine tiefe Kenntnis der menschlichen Natur, sein unbeirrtes Festhalten an der als richtig erkannten Lebensaufgabe allen Widerständen zum Trotz, alles dies machte ihn zu einem der außergewöhnlichen Charaktere, die um ihrer selbst und um ihrer Arbeit willen zu allen Zeiten von der Welt geliebt worden sind« (S. 142). – »Sein innerer Drang, weiter [an solchen Blütenmitteln] zu forschen, war so groß, dass er keine Ruhe mehr fand« (S. 46).

Seine engsten Freunde, Nora Weeks und Victor Bullen (1887–1975), führten sein Werk im »Edward Bach Centre Mount Vernon« bis 1978 fort und bestimmten dann ihrerseits die bis heute wirkenden Leiter des Centers. Ihre Aufgabe sehen diese in der Veröffentlichung von Schriften, Durchführung von Seminaren, Empfang von Besuchern und Vermittlung von registrierten Bachblütentherapeuten. Das Motto lautet: »Unser Auftrag ist es, an der Einfachheit und Reinheit seiner Methode der Heilung festzuhalten.«

c) Die Bachblüten-Theorie

Durch seine Beschäftigung mit der Homöopathie und besonders mit Hahnemanns Hauptwerk *Organon* wurde Bach in der Auffassung gestärkt, dass Hahnemanns Forderung »Behandle den Patienten und nicht die Krankheit!« das Prinzip wahren Heilens sein müsse. Zudem hatte er in seiner praktischen Arbeit beobachtet, dass einerseits die gleiche Behandlung der gleichen Krankheit bei verschiedenen Patienten nicht immer zum Erfolg führte und dass andererseits Patienten, die eine ähnliche Persönlichkeitsstruktur aufwiesen, auf eine gleiche Behandlung positiv reagierten, obwohl sie nicht an derselben Krankheit litten.

Solche Erkenntnisse brachten Bach zu der Überzeugung, dass das Entscheidende im Bestimmen einer Krankheit und der Behandlungsmethode nicht die Symptome wären, sondern die seelische Verfassung, d. h. der Gemütszustand eines kranken Menschen.

Hierin sah er den Ursprung aller physischen Leiden. Er schrieb: »Der Hauptgrund für das Scheitern der modernen medizinischen Wissenschaft liegt darin, dass sie sich mit Auswirkungen, aber nicht mit Ursachen befasst. Viele Jahrhunderte lang wurde das Wesen der Krankheit vom Materialismus verdeckt und ihr hierdurch das Feld überlassen, ihr Werk der stetigen Zerstörung auszuweiten, da sie nicht an ihrer Wurzel bekämpft wurde« (Edward Bach, *Heile dich selbst mit den Bachblüten*, München 1986, S. 11). Und: »Krankheit ist ihrem Wesen nach das Ergebnis eines Konfliktes zwischen Seele und Gemüt, und sie wird deshalb nie anders als durch geistige und gedankliche Anstrengungen ausgemerzt werden können« (ebd., S. 12).

Diese Auffassung von Krankheit spiegelte sich auch im Menschenbild Edward Bachs wider. Danach besteht der Mensch aus einem irdischen Körper und einem »Gemüt« (engl.: *mind* = Verstand, Geist), zusammenfassend »sterbliche Persönlichkeit« genannt, und einer unsterblichen Seele, die »göttlich« ist. Die Seele bezeichnete Bach auch als »höheres Selbst« des Menschen, als »Funken des Allmächtigen«. Sie hat, gemäß der göttlichen Schöpfung, die Aufgabe, in der »Persönlichkeit« Tugenden zu entwickeln und so dem Menschen zu Glück, Gesundheit und Vollkommenheit zu verhelfen. Als Tugenden nannte Bach diese zwölf: »Liebe, Mitgefühl, Friede, Standsicherheit, Freundlichkeit, Stärke, Verständnis, Toleranz, Weisheit, Vergebung, Mut und Freude« (Bach, *Heile dich selbst*, S. 262).

Wenn nun, bedingt durch äußere Umstände oder innere Charakterschwächen des Menschen, die Seele ihre Aufgabe nicht erfüllen kann, entstehen negative Zustände mit der Folge einer Disharmonie, die als Ungleichheit der »Schwingungen« zwischen »Seele« und »Persönlichkeit« gedeutet wird. Das wirkt sich im feinstofflichen Energie-Feld des Körpers aus und führt zu entsprechenden Erkrankungen, die Bach auch als »Verfestigungen geistiger Einstellungen« bezeichnete. Diese »negativen Seelenzustände« umfassen ebenfalls zwölf Aspekte: »Zwang, Angst, Ruhelosigkeit, Unentschlossenheit, Gleichgültigkeit, Schwäche, Zweifel, Fanatismus, Ignoranz, Ungeduld, Schrecken und Kummer« (ebd., S. 262).

Gemäß seiner Überzeugung »In Gegenwart der Natur hat Krankheit keine Macht. Es gibt keine Krankheit, die unheilbar ist« machte sich Bach nun auf, um Pflanzen zu finden, die als Heilmittel gegen die »negativen Seelenzustände« dienen könnten. »Bestimmte wild wachsende Blumen, Büsche und Bäume höherer Ordnung haben durch ihre hohe Schwingung die Kraft, unsere menschliche Schwingung zu erhöhen und unsere Kanäle für die Botschaften unseres spirituellen Selbst zu öffnen und unsere Persönlichkeit mit den Tugenden, die wir nötig haben, zu überfluten und dadurch die Mängel auszuwaschen, die unsere Leiden verursachen« (Edward Bach; zitiert aus Ulrike Schöber, *Die heilende Kraft der Bach-Blüten*, Niedenhaus/Taunus 2000, S. 17f).

d) Die praktische Anwendung von Bachblüten

In der Zeit von 1928 bis 1934 unternahm Bach ausgedehnte Streifzüge durch Wales, Süd- und Mittelengland sowie durch Landschaften an der Ostküste, um nach geeigneten Blütenessenzen zu suchen. So fand er z. B. im Sommer 1928 in Wales die Gefleckte Gauklerblume, 1931 in Sussex die Sumpf-Wasserfeder und in Kent den Bitteren Enzian, 1932 ebenfalls in Kent das Gemeine Sonnenröschen und 1933 wiederum in Wales das »Felsquellwasser« als Heilmittel. Zwischen 1930 und 1934 »entdeckte« er in der Umgebung von Cromer an der Ostküste (Grafschaft Norfolk) den Odermennig, die Wegwarte, das Eisenkraut, die Gemeine Waldrebe, den Bleiwurz und die Stiel-Eiche. Mit Hilfe seiner »Intuition« und »Hellfühligkeit« soll er dabei die »Schwingungen« der Pflanzen erspürt und deren Zuordnung zu je einem bestimmten pathologischen Gemütszustand des Menschen festgelegt haben.

»Er fühlte jetzt ganz deutlich, dass in ihm eine Art göttlicher Inspiration erwachte, das intuitive Wissen um die verborgenen Heilkräfte der Natur« (Weeks, *Edward Bach*, S. 47). – »Es war Bach bewusst geworden, dass die Verfeinerung und Empfindlichkeit seiner Sinne zunahmen. Er stellte fest, dass er Dinge spüren, sehen und hören konnte, die ihm bis dahin nicht bewusst gewesen waren. (...) Sein hoch entwickelter Tastsinn befähigte ihn, die Vibrationen und die Kraft zu spüren, die von jeder Pflanze abgestrahlt wurden, die er zu testen wünschte. Und sein Körper reagierte auf diese Schwingungen so empfindlich, dass Bach auf die Wirkungen der betreffenden Pflanze augenblicklich reagierte. Er brauchte nur ein Blütenblatt oder eine Blüte selbst in die Hand zu nehmen oder sie auf seine Zunge zu legen, und schon verspürte er in seinem Körper die spezifischen Reaktionen auf die Wirkkraft der jeweiligen Pflanze. Manche übten auf seinen Geist und Körper einen stärkenden und belebenden Einfluss aus; andere verursachten Schmerzen und Brechreiz, Fieber, Ausschläge und Ähnliches mehr« (ebd., S. 55).

In der Praxis geschah Folgendes: Wenn Bach sich einer Pflanze näherte, hielt er einen Augenblick inne, stellte sich auf die Energie der Blüte ein und kommunizierte mit deren Intelligenz, um quasi um Erlaubnis zu bitten für das, was er vorhatte. Zu Beginn der Aktion war ein großes Glas mit sauberem Wasser gefüllt worden, das er genau prüfte. Mit einer kleinen, sterilen Schere knipste er dann ein paar Blüten ab, legte sie auf die Wasseroberfläche in dem Glas und setzte das Ganze dem Sonnenlicht aus. Einige Stunden später fischte er die Blütenblätter mit einem kleinen Zweig heraus, goss das Wasser durch einen Filter in eine kleine Flasche und beschriftete diese mit Datum und Fundort. Am nächsten Tag konservierte er diese »Mutter-Tinktur« mit Cognac oder Brandy.

Dieses »Ritual« entwickelte Bach im Frühjahr 1930 in Wales und nannte es »Sonnen-Methode«. Sie wird noch heute vom Bach-Center in Sotwell bei der Gewinnung der Blütentinkturen, nach Möglichkeit an den Originalfundplätzen, angewandt. An einem wolkenlosen Sonnentag werden die Blüten zwischen acht und neun Uhr gepflückt, ohne sie mit der Hand zu berühren (Bach empfahl mit einem Blatt der betreffenden Pflanze die Blüte zu pflücken), und in eine dünnwandige Glasschale mit reinem Quellwasser gelegt. Die Oberfläche des Wassers muss ganz mit den unbeschädigten Blüten bedeckt sein. Dann wird die Schale in der Nähe der Pflanze drei Stunden der direkten Sonneneinstrahlung ausgesetzt. Kein Schatten darf auf sie fallen, um die Wirksamkeit des Vorgangs nicht zu beeinträchtigen. Nach dem Entfernen der welken Blüten wird der Schaleninhalt mit der gleichen Menge von 40 prozentigem französischem Cognac aus biologischem Anbau oder englischem Brandy aufgefüllt und diese Mischung noch einmal im Verhältnis 1:240 mit Wasser verdünnt, um anschließend in kleine Vorratsfläschchen, sogenannte »Stockbottles«, abgefüllt zu werden.

Mit dieser Sonnen-Methode lassen sich, so glaubte Bach, die »energetischen Schwingungen« der Blüte mit Hilfe des Sonnenlichts auf das Wasser übertragen, in dieses »einprägen«. Eine materielle Substanz der Blüten sei im Wasser nicht enthalten. Beim Einnehmen der Tropfen sollen nun die »positiven Schwingungen« der Blüte auf die zu behandelnden negativen des »Seelenzustandes« treffen und diese überlagern, bis die negativen Schwingungen gelöscht sind.

Da nicht alle Blüten und Pflanzen im Sommer zur höchsten Reife gelangen, sondern auch dann, wenn die volle Sonnenkraft noch nicht oder nicht mehr genutzt werden kann, gibt es eine zweite Möglichkeit, die »Mutter-Tinkturen« herzustellen: die »Koch-Methode«. Sie wird im Wesentlichen bei Blüten von Bäumen und Büschen angewandt. Auch hier müssen die Blüten bei Sonnenschein am Vormittag gepflückt und (eventuell mit Zweigen und Blättern) in einen Topf aus Emaille oder rostfreiem Stahl gegeben werden. Ohne Unterbrechung nach Hause getragen, wird der Topf mit stillem Mineralwasser gefüllt und der Inhalt eine halbe Stunde lang gekocht. Währenddessen werden die Blüten mit einem Zweig nach unten gedrückt und nach dem Abkühlen mit einem solchen herausgefischt. Dann wird die Essenz wie bei der Sonnen-Methode weiterbehandelt.

Hier folgt nun die Auflistung aller 38 »Heilmittel« (37 Blüten und einmal Wasser aus heilkräftigen Quellen). Im Original werden sie nach ihren englischen Bezeichnungen alphabetisch geordnet und durchnummeriert. Diese Nummern erscheinen auch auf den Etiketten der »Stockbottles«. Die deutschen Bezeichnungen sind hinzugefügt, ebenso die Buchstaben »S« für die Sonnen- und »K« für die Koch-Methode sowie die negativen Gemütszustände, für die die jeweilige Blüten-Essenz als »Heilmittel« gedacht ist:

1. Agrimony (S), Odermennig:
   Quälende Gedanken und innere Unruhe, die hinter einer Maske aus Fröhlichkeit und Gelassenheit versteckt werden
2. Aspen (K), Zitterpappel:
   Gefühl von unerklärlichen Ängsten, Vorahnungen von drohendem Unheil
3. Beech (K), Rotbuche:
   Zu viel Kritik gegenüber anderen; Arroganz und Intoleranz
4. Centaury (S), Tausendgüldenkraut:
   Unfähigkeit, »Nein« sagen zu können; die eigene Gutmütigkeit von anderen ausnutzen lassen
5. Cerato (S), Bleiwurz:
   Dem eigenen Urteil nicht trauen; andere ständig um Rat fragen müssen
6. Cherry Plum (K), Kirschpflaume:
   Angst vor seelischen Kurzschlusshandlungen; unbeherrschte Temperamentsausbrüche; Angst, die Selbstkontrolle zu verlieren
7. Chestnut Bud (K), Knospe der Rosskastanie:
   Aus eigenen Fehlern nichts lernen; keine positive Verarbeitung der persönlichen Erfahrungen
8. Chicory (S), Wegwarte:
   Selbstsüchtige und besitzergreifende Liebe; übermäßiges Einmischen und Kritisieren
9. Clematis (S), Weiße Waldrebe:
   Geistig abwesend; rege Fantasie; Tagträume
10. Crab Apple (K), Holz-Apfel:
    Selbsthass; starkes Bedürfnis nach innerer und äußerer Reinigung; Angst vor Gebrechen; übertriebenes Schamgefühl
11. Elm (K), Ulme:
    Das Gefühl haben, der Verantwortung nicht gewachsen zu sein; Zweifel an der eigenen Leistungsfähigkeit

12. Gentian (S), Bitterer Enzian:
    Von Skepsis, Zweifeln und Mutlosigkeit bestimmt sein; Unsicherheit bei eigenen Entscheidungen

13. Gorse (S), Stechginster:
    Leicht entmutigt sein; Antriebsarmut und Tatenlosigkeit

14. Heather (S), (Schottisches) Heidekraut:
    Selbstbezogenheit; nur mit sich selbst beschäftigt sein; Isolation

15. Holly (K), Stechpalme:
    Eifersüchtig und neidisch sein; Misstrauen gegenüber anderen; aggressives Verhalten; schnell gekränkt sein

16. Honeysuckle (K), Geißblatt:
    Von Wehmut und Heimweh geplagt sein; Vergangenes nicht abschließen können; nicht in der Gegenwart leben

17. Hornbeam (K), Weißbuche oder Hainbuche:
    Zu müde und erschöpft sein, um den Alltag zu bewältigen; »Montagmorgengefühl«

18. Impatiens (S), Drüsentragendes Springkraut:
    Ungeduldig und gereizt sein; überschnelle Reaktionen; Hektik, begleitet von Wutanfällen

19. Larch (K), Lärche:
    Wenig Selbstvertrauen, Minderwertigkeitskomplexe; Erwartung von Fehlschlägen; Versagensängste

20. Mimulus (S), Gefleckte Gauklerblume:
    Angst vor der Welt; Schüchternheit; genau definierbare Ängste vor bestimmten Situationen (Armut, Krankheit, Zahnarzt, Flugreisen)

21. Mustard (K), Wilder Senf oder Ackersenf:
    Phasen von Niedergeschlagenheit; ohne Grund schlechte Laune haben; Dinge sehr schwernehmen

22. Oak (S), Eiche:
Überstarkes Pflichtgefühl; trotz Erschöpfung und Überforderung weitermachen, nie aufgeben

23. Olive (S), Olive:
Völlige körperliche und geistige Erschöpfung; totale Überlastung

24. Pine (K), Schottische Kiefer oder Föhre:
Selbstvorwürfe; Schuldgefühle für die Fehler anderer; Selbstanklagen, Verzweiflung über das eigene Leben

25. Red Chestnut (K), Rote Kastanie:
Übertriebene, ängstliche Besorgnis um das Wohl anderer

26. Rock Rose (S), Gelbes Sonnenröschen:
Panikgefühle; Furchtattacken bei unerwarteten Ereignissen

27. Rock Water, Heilkräftiges (»energetisiertes«) Quellwasser:
Wenig flexibel bei den eigenen Grundsätzen; starre Ansichten; Ablehnung abweichender Meinungen

28. Scleranthus (S), Einjähriger Knäuel:
Unausgeglichenheit; fluktuierende Stimmungen; Unsicherheit in allen Lebensbereichen

29. Star of Bethlehem (K), Doldiger Milchstern:
Nachwirkungen von seelischen oder körperlichen Erschütterungen (Unfall, Schock); Verzweiflung durch negative Nachrichten

30. Sweet Chestnut (K), Esskastanie oder Edelkastanie:
Starke Verzweiflung; Glauben, die Grenze der Belastbarkeit erreicht zu haben; keinen Ausweg mehr sehen

31. Vervain (S), Eisenkraut:
Übereifer; zu viel des Guten tun; reizbar bis fanatisch; »missionarisches« Verhalten gegenüber anderen

32. Vine (S), Weinrebe:
Rücksichtslos; dominieren wollen; Probleme mit der Autorität anderer haben

33. Walnut (K), Walnuss:
Wankelmütig und unsicher bei einem neuen Lebensabschnitt sein; leicht beeinflussbar bei neuen Alltagssituationen sein

34. Water Violet (S), Sumpfwasserfeder:
Unnahbarkeit; selbst gewählte und übertriebene Introvertiertheit; stolzes Überlegenheitsgefühl

35. White Chestnut (S), Weiße oder Rosskastanie:
Innerliche Selbstgespräche; bestimmte, ungewollte Gedanken, die im Kopf kreisen; Ablenkung von wichtigen Aufgaben und Zielen

36. Wild Oat (S), Waldtrespe:
Unklare Zielvorstellungen im Leben; Unzufriedenheit, die Lebensaufgaben nicht bewältigen zu können; nicht wissen, was man will

37. Wild Rose (K), Heckenrose oder Weinrose:
Apathie; Teilnahmslosigkeit; Resignation; das Interesse am Leben und der Gegenwart schwindet

38. Willow (K), Gelbe Weide:
Verbitterung; Gefühl, den Umständen des Lebens hilflos ausgeliefert zu sein; Hadern mit dem Schicksal; Selbstmitleid; sich als Opfer fühlen

Die ersten 19 »Heilmittel«, die Bach entdeckte, teilte er ein in »Zwölf Heiler«, anzuwenden bei Krankheiten im Anfangsstadium oder bei kurzfristigen Beschwerden, und »Sieben Helfer«, bestimmt für chronische Leiden. Zu den »Helfern« gehören: Stechginster, Stiel-Eiche, Schottisches Heidekraut, Waldtrespe, Olive, Weinrebe und »energetisiertes« Quellwasser.

Menschen, die sich für das Bachblüten-System interessieren und es anwenden wollen, wird von entsprechender Seite geraten, sich zunächst mit der »Philosophie« Edward Bachs zu beschäftigen. Anschließend wenden sich Interessenten am besten an einen Arzt oder Heilpraktiker, der mit der »Therapie« vertraut ist, da in Deutschland nur Ärzte bzw. Heilpraktiker laut Gesetz fremde Personen mit Bachblüten behandeln dürfen.

In einer längeren Sitzung soll dann herausgefunden werden, welche psychischen Beschwerden der Ratsuchende hat und welche Bachblüten-Essenz dafür im Einzelnen infrage kommt. Das kann mit Hilfe eines ausführlichen Fragebogens geschehen oder durch ein intensives Gespräch. Manche Therapeuten benutzen dazu auch esoterische Hilfsmittel wie Astrologie, Kinesiologie, Pendel oder Tarotkarten mit den 37 Bildern der Blüten. Als ungeeignet gilt die Bachblütentherapie bei akuten körperlichen Beschwerden und bei Menschen, die selbst keine aktive Besserung ihrer »Seelenzustände« bzw. moralische Weiterentwicklung anstreben.

In der Praxis soll der Benutzer drei Tropfen aus dem Original-Fläschchen entnehmen, in ein anderes (etwa 30 ml großes) füllen, mit drei Viertel stillem Wasser und einem Viertel Alkohol vermengen und das Ganze kräftig schütteln. Von dieser Lösung sind jedes Mal vier bis fünf Tropfen zu schlucken, normalerweise viermal täglich. Sie werden nicht mit einem metallenen, sondern mit einem Holz- oder Plastiklöffel eingenommen oder direkt unter die Zunge geträufelt und eine Minute im Mund behalten.

Als sogenannte »Notfall-Tropfen« (»Rescue«) hat Bach eine Mischung aus den fünf Blüten Doldiger Milchstern, Gemeines Sonnenröschen, Drüsentragendes Springkraut, Kirschpflaume und Waldrebe empfohlen. Sie sollen z. B. einen auf feinstofflicher Ebene erlittenen »energetischen« Schock, verursacht durch eine schlechte Nachricht, einen heftigen Streit, einen Unfall usw., sofort auflösen. Die Tropfen können aber auch vorbeugend bei Prüfungsangst, Zahnarztbesuch, Lampenfieber, Gerichtstermin oder See- und Reisekrankheit helfen.

e) Pro und Kontra

Wie bei allen Aspekten der Esoterik gibt es auch bei der »Bachblütentherapie« Anhänger und Kritiker, die sich unversöhnlich gegenüberstehen. Die Befürworter loben sie und ihren »Entdecker« überschwänglich in Statements und Erfahrungsberichten, wie die folgenden zeigen:

- »Mit 17 Jahren überlegte ich, ob es nicht vielleicht Extrakte aus der Natur gibt, die auch speziell auf die Seele wirken können. Damals wusste ich noch nichts über die Bachblüten, bis ich ein Jahr später zu einer Heilpraktikerin ging und ›zufällig‹ von dieser Therapieform erfuhr. Nach anfänglicher Skepsis probierte ich die Bachblüten aus. (...) Mein Körper und meine Seele begannen zu arbeiten, ich spürte große Veränderungen im seelischen Bereich. (...) Mein persönliches Empfinden bei den Bachblüten ist das Gefühl, in einen Mantel aus Licht zu schlüpfen, in dem ich sicher und geschützt durch Krisen durchgehen kann. (...) Ich danke Gott und Dr. Edward Bach für diese wundervolle Heilmethode. S. K., Barsinghausen« (*Esoterik aktuell* – Leserforum spezial 3/94, S. 9).
- »Neben Hippokrates, Hahnemann und Pasteur gehört Dr. E. Bach zu einer Handvoll Gestalten in der Medizingeschichte, die die Sicht auf unsere Gesundheit revolutioniert haben. Er war ein bemerkenswerter Arzt, den man rund um die Welt respektiert wegen seines großen Beitrags sowohl zur traditionellen Medizin als auch zur Homöopathie« (http://www.bachflower susa.com/drbach.html, Stand: 30. April 2003).
- »Es handelt sich bei den Bachblüten um keine therapeutische Eintagsfliege, um keine New-Age-Modeerscheinung, sondern um echte Heilmittel des neuen Wassermann-Zeitalters. (...) Ganz im Sinne dieses Wassermann-Zeitalters wirken die Blütenessenzen nicht primär auf der physikalischen Ebene, sondern ›ätherisch-seelisch‹ ...« (*esotera*, März 1992, S. 23f).
- »Schon immer standen viele Personen aus den Heilberufen der Bachblütentherapie kritisch gegenüber. Gerade unserem westlichen mechanistischen Denken fällt es schwer zu akzeptieren,

dass ›Blüten-Schwingungen‹ einen Einfluss auf Geist und Körper haben sollen. Die Lobby der etablierten Pharma-Industrie und der staatlich regulierten ›Gesundheits-Anbieter‹ wird nicht müde, die Bachblütentherapie zu verurteilen. Dabei werden Maßstäbe aus dem chemisch orientierten Wirkungsmechanismus von Pharmazeutika herangezogen, um die Wirkungslosigkeit von Bachblüten zu ›beweisen‹. Ein Übriges tut ein rechtliches Umfeld, das bis jetzt alles tut, um der Verbreitung der Bachblütentherapie Steine in den Weg zu legen. Doc-Nature sieht aufgrund unzähliger Erfahrungsberichte über die Anwendung von Bachblüten bei Mensch, Tier und Pflanze eine positive Wirkung als erwiesen an« (http://www.doc-nature.com/bachblueten-kritik.php3, Stand: 18. August 2006).

Von der anderen Seite werden natürlich Gegenargumente geliefert:

- »Diese Therapie ist reiner Betrug, jenseits von Gut und Böse. Es gibt keine wissenschaftlichen Beweise. Natürlich gibt es erfolgreiche Naturheilverfahren, aber die haben mit Bachblütentherapie nichts zu tun. Die Extrakte sind weder im Blut noch im Urin nachzuweisen. Es ist absolut hirnrissig, an diesen Quatsch zu glauben« (Dr. Martin Schaka, Allergologe, Düsseldorf; in: *BILD*, 14. Juni 1995).
- »Ein System von Quacksalberei, in dem mentale Probleme mit Extrakten aus Pflanzen behandelt werden. (...) Ein paar Tropfen von einem der Heilmittel sollen angeblich eine große Anzahl von mentalen Schwierigkeiten lösen. (...) Dieses System erfreut sich großer Popularität. Das tut die Astrologie auch« (http://www.whonamedit.com/synd.cfm/300.html, Stand: 11. August 2006).
- »Etwaige positive Effekte durch Bachblüten beruhen auf Erwartung und Suggestion. (...) Gefährlich ist die Vorstellung Bachs, dass es keiner Diagnose bedürfe oder dass jede Krankheit mit der richtigen Pflanze heilbar sei; ein Risiko geht davon aus, dass Behandler ihre Grenzen nicht erkennen. (...) Die Einteilung aller Leiden in 38 Gemütszustände hat moralisierenden Charakter, ist willkürlich und unbegründet. Das Konzept trägt deutlich esoterische Züge. Die Pflanzenauswahl ist zufällig, sie

lässt sich ebenso wenig wie die rituelle Herstellung der Mittel wissenschaftlich begründen« (Dr. Krista Federspiel/Wien, Beitrag für die Gesellschaft zur wissenschaftlichen Untersuchung von Parawissenschaften e.V., 2002).

f) Kritische Anmerkungen

Der Hinweis von Kritikern, dass die Bachblütentherapie mit traditionell verstandener Wissenschaft nichts zu tun hat, wird durch Bachs eigene Ansicht dazu bestätigt: »Wer den größten Nutzen aus diesem Geschenk Gottes [d. h. aus den Blüten] ziehen möchte, der erhalte es so rein, wie es ist, frei von wissenschaftlichen Theorien und Überlegungen, denn alles in der Natur ist einfach und unkompliziert« (Bach, *Heile dich selbst*, S. 83f).

Gemäß dieser Grundüberzeugung Bachs und seiner Anhänger kann es auch keine nachvollziehbaren und zufriedenstellenden Antworten auf kritische Fragen im Zusammenhang mit dem Bachblüten-System geben:

– Warum beträgt die Anzahl der »Heilmittel« gerade »38« und nicht mehr oder weniger? Die »Gesellschaft für Phytotherapie« (Köln) erklärt, dass es etwa 300 Heilpflanzen gibt, von denen bisher 120, klinisch getestet, in Deutschland zur Herstellung von Arzneimitteln verwendet werden.
– Warum müssen die Blüten genau drei Stunden in der Sonne stehen? Die Anweisungen für die Sonnen- und Koch-Methode erinnern teilweise an solche zur Herstellung von Zaubertränken, gesammelt im 6. und 7. Buch Mose (vgl. Abschnitt »Aberglaube«, I.3b).
– Warum glaubte Bach, dass Blüten der gleichen Art an verschiedenen Plätzen von unterschiedlicher Qualität seien, sodass sie, für die höchste Wirksamkeit, nur immer am gleichen Standort gesammelt werden müssten? Wenn diese »Therapie« eine einfache Methode für jedermann in aller Welt sein soll, wie verhält es sich dann mit dem Vorhandensein und Sammeln der Blüten in den unterschiedlichen Ländern?

- Nach welchem Prinzip hat Bach die einzelnen, von ihm postulierten »negativen Seelenzustände« definiert und den jeweiligen Pflanzen zugeordnet? Die aufgelisteten »Seelenzustände« und angeblichen »Blockaden im energetischen Feld« des Menschen sind diffus und weisen nur Allerweltseigenschaften auf: ängstlich, stolz, eifersüchtig, leicht beeinflussbar, verzweifelt, erschöpft, wenig flexibel, gereizt, schüchtern, geistig abwesend, an Heimweh leidend usw. Viele sind von außen gar nicht zu erkennen, und andere spiegeln das individuell subjektive Empfinden oder augenblickliche Stimmungen des Einzelnen wider. Wie steht es mit entsprechenden und zu behandelnden Eigenschaften bei Pflanzen und Tieren?
- Warum muss die Mischung aus Blüten-Wasser und Alkohol noch einmal im Verhältnis 1:240 verdünnt werden und nicht in einem anderen Verhältnis?

Auf alle diese und weitere Fragen gibt es vonseiten der Anhänger nur eine Antwort: Intuition. Es ist also dieser subjektiv-emotionale und damit nicht nachprüfbare Aspekt Edward Bachs, den man akzeptieren kann oder nicht.

An dieser Stelle muss noch ein Wort zu der von Vertretern der »Bachblütentherapie« verfochtenen Theorie gesagt werden, dass Wasser die »energetische Schwingung« der Blüten aufnimmt, speichert und dann im »feinstofflichen Körper« des Menschen wirksam werden lässt. Die Frage lautet: »Hat Wasser ein Gedächtnis?« Es hat in den vergangenen Jahren verschiedentlich Versuche gegeben, gerade auch im Hinblick auf das »Potenzieren« (Verdünnen) der Homöopathie, die Frage mit Hilfe wissenschaftlicher Methoden positiv zu beantworten. Alle sind gescheitert, weil man sich hier, wie Kritiker meinen, in eine »Grauzone zwischen Wissenschaft und Esoterik« gewagt habe.

Aufsehen erregte der Fall des französischen Immunologen Dr. Jacques Benveniste, der im Juni 1988 in einer angesehenen britischen Fachzeitschrift (*Nature*) von einem entsprechenden »erfolgreichen« Versuch berichtet hatte. Nachprüfungen ergaben jedoch, dass die Laborausstattung Benvenistes für solche Versuche gar nicht geeignet war, dass übereinstimmende Wiederholungen der Experimente über mehrere Tage hin nicht durchgeführt wurden und dem Team einige weitere Fehler unterlaufen waren. Das Urteil der Fachleute: Benveniste wollte das chemische Prinzip des »Massenwirkungsgesetzes« außer Kraft setzen, welches aussagt, dass abwesende Moleküle keine Auswirkungen haben. Dies gelang ihm aber nicht.

Das von Chemikern vorgetragene Hauptargument gegen die »Wasser-Gedächtnis-Theorie« besagt Folgendes: Die Verbindungen zwischen den einzelnen Wasserstoff- und Sauerstoffmolekülen, die sogenannten »Wasserstoffbrücken«, bauen sich im billiardstel Teil einer Sekunde auf und wieder ab und formieren sich neu, sodass eine Informationsspeicherung ausgeschlossen ist. Daneben ist auch kein Mechanismus bekannt, mit dem ein biologischer Organismus (z. B. der Mensch) diese Information, wenn es sie denn gäbe, aufnehmen und nutzbar machen könnte. Die von »Wassermystikern« behaupteten Vorgänge gehören demnach in den Bereich der Esoterik und, so das Urteil, sind lediglich Ausdruck der damit verbundenen Glaubenssysteme (etwa Homöopathie oder Bachblüten). Sie beruhen auf Aberglauben oder sogar bewussten Falschinformationen (vgl. http://pseudowissenschaft.marcus-haas.de, Stand: 2. Februar 2005).

Aus dem bisher Angeführten ergibt sich eindeutig, dass wir es bei der »Bachblütentherapie« mit Esoterik zu tun haben. Da sich aber auch nicht wenige Christen dieser »Heilmethode« zuwenden, muss geklärt werden, ob diese »Therapie« mit dem christlichen Glauben vereinbar ist. Zunächst stellt sich die Frage: Welches Gottes- und Menschenbild hatte Edward Bach? Er spricht zwar hier und da von dem »Schöpfer« oder von »Gott«. Ist damit aber der in der Bibel bezeugte persönliche Gott als Herr der Schöpfung und gleichzeitig als väterliches Gegenüber des Menschen gemeint? Für Bach scheint »Gott« wohl eher, im esoterischen Sinne, ein Schöpfungsprinzip oder eine schöpferische Kraft zu sein, aus der alles hervorgeht: »Planeten, Sterne und Lebewesen, Kieselsteine und Tautropfen usw.« (Bach, *Heile dich selbst*, S. 16). Mit einem Wort: das »Göttliche« des Kosmos schlechthin.

Aus dieser pantheistischen Schau, dass sich das »Göttliche« in allen Dingen des Universums manifestiere, ergibt sich auch Bachs Menschenbild. So kann er (in unbiblischem Sinne) von der »Göttlichkeit« der Seele sprechen, dem »höheren Selbst«. Diese »göttliche Seele« kennt den »Schöpfungsplan« und zeigt der »Persönlichkeit« (Körper und Geist) den richtigen Weg, weist ihr die Lebensaufgaben zu. Die »Persönlichkeit« wird jedoch von diesem Wege abgebracht, wenn sie nicht auf die Seele hört, sich gegen den »Schöpfungsplan« wendet und von »Stolz, Grausamkeit, Hass, Eigenliebe, Unwissenheit, Unsicherheit und Habgier« (Bach, *Heile dich selbst*, S. 20) bestimmt wird. Daraus ergeben sich als Folgen Disharmonien und schließlich Krankheiten.

Obwohl der Begriff »Sünde«, verstanden als Rebellion des Menschen gegen Gott, bei Bach nicht vorkommt, wollte er in diesem Zusammenhang wohl doch etwas Richtiges zum Ausdruck bringen. Nach biblischem Zeugnis ist nämlich die Sünde, also die Gottesferne, die Ursache für Hass, Krieg, Terror, Leid, Schuld und Krankheit als Kennzeichen der »gefallenen«, unheiligen Schöpfung. Christen gehen davon aus, dass sie sich nicht selbst aus diesem »Sumpf« herausziehen können, sondern Jesus Christus dazu benötigen. Er ist derjenige, der »heil« macht, was krank und zerbrochen ist. Das Wichtigste dabei ist aber die Vergebung der Schuld, die sich der Mensch nicht selbst zusprechen kann. Deshalb die Bitte im Vaterunser: »Erlöse uns von dem Bösen.« Der Glaubende darf auf die Zuwendung Gottes in Christus vertrauen und auf Erhören dieser Bitte hoffen.

Hier hat Bach nun einen anderen Weg zum »Heilwerden« anzubieten: die »energetischen Schwingungen« seiner Blüten. Er stellte richtigerweise fest, dass man Pflanzen als ein »Geschenk Gottes« bezeichnen kann. Sie sind ein Teil der Schöpfung und dem Menschen zu pfleglichem und nützlichem Gebrauch anvertraut. Zu ihnen gehören somit auch die Heilpflanzen, die von den altorientalischen Kulturen über die Antike und die mittelalterlichen Klostergärten bis zur heutigen Phytotherapie (Heilung mit Pflanzenextrakten) eine große Rolle spielten und es noch tun. Selbst Giftpflanzen wie Bilsenkraut, Stechapfel, Tollkirsche, Fingerhut,

Eisenkraut oder Gefleckter Schierling werden verarbeitet, um aus den Essenzen schmerzstillende, schlaffördernde und betäubende Mittel herzustellen oder die Extrakte bei Gemüts- und Nervenkrankheiten einzusetzen. An keiner Stelle jedoch, auch in der Bibel nicht, wird in diesem Zusammenhang auf esoterische »Schwingungen« verwiesen, die angeblich heilen sollen. In der seriösen Pflanzenheilkunde geht es immer um reale Wirkstoffe und nicht um okkult-magische Vorstellungen. Das Bachblüten-System und die damit verbundene Weltanschauung kann die Anwender zudem dazu verführen, sich als »Macher« ihres eigenen Heils und damit als Mitwirkende an ihrer Erlösung zu verstehen. Aus diesen Gründen sind Bachblütentherapie und christlicher Glaube unvereinbar.

Literatur

- Nora Weeks, *Edward Bach. Entdecker der Blütentherapie. Sein Leben – seine Erkenntnisse*, München [4]1996
- Edward Bach, *Heile dich selbst mit den Bach-Blüten*, München 1988
- Ulrike Schöber, *Die heilende Kraft der Bach-Blüten*, Niedenhaus/Taunus 2000
- Wolfgang Hund, »Bachblütentherapie«; in: *Falsche Geister – echte Schwindler? Esoterik und Okkultismus kritisch hinterfragt*, Würzburg 2000, S. 122-129
- Krista Federspiel/Vera Herbst, »Bachblütentherapie«; in: Stiftung Warentest (Hrsg.), *Die Andere Medizin – Alternative Heilmethoden für Sie bewertet*, Berlin [5]2005, S. 99-103

IV. Orakel

1. Einführung

»Durch *Orakel* wendet sich ein Befragter an höhere Mächte in der Absicht, von ihnen durch Zeichen, Weisung für sein eigenes oder das Handeln anderer zu empfangen« (Richard Thurnwald, zitiert nach Gerardus van der Leeuw, *Phänomenologie der Religion*, Tübingen 1970, S. 428).

Das Wort »Orakel« geht auf das lateinische *oraculum* zurück; das wiederum von *ōs* (lat.: »der Mund«; Genitiv von *ōs*: *ōris*) abgeleitet ist. Unter *oraculum* wurde in der Antike ursprünglich die örtliche »Sprechstätte« einer Gottheit verstanden, später auch das dort wirkende Medium selbst und der von ihm – durch den betreffenden Gott – gegebene Spruch oder das Zeichen.

Heute gelten fast alle Wahrsage- und Weissagetechniken als Orakel. Inzwischen wird für die Gesamtheit der Praktiken auch die Bezeichnung *Mantik* (von griech. *mantis*: »der Seher«) oder *Divination* gebraucht (nach dem Titel eines mit dieser Thematik befassten Buches von Cicero, *De Divinatione*; lat *divinare*: »eine göttliche Sache ausführen«).

Nach Struktur und Praxis lassen sich die Orakeltechniken in unterschiedliche Kategorien einteilen. Hier eine Auswahl:

- *Beobachtungen von Vorgängen und Zuständen in der Natur:*
  a) das Verhalten von Tieren (Katzen, Kröten, Eulen, Vogelzug u. a.)
  b) Natur und Umwelt (Blätter, Bäume, Jahreszeiten, Wind, Feuer, Rauch, Wasserläufe)
- *Divination mit Hilfe von Gegenständen:*
  Pendel, Stäbe, Lose, Karten, Nadeln, Spiegel, Knochen, Würfel, Kristallkugeln, Hände (Chiromantie), Bibelstellen, Kaffeesatz

- *Orakel mit spiritistischem Hintergrund:*
  Prophetie, automatisches Schreiben, Channeling, Gläserrücken
- *»Mathematisch-geografische« Aspekte der Mantik:*
  Feng-Shui, Geomantie, Radiästhesie
- *Weitere Systeme mit verschiedenen Techniken:*
  Zahlenmagie, Astrologie, I-Ging, Tarot, Traumdeutung, Runenorakel

Archäologische Funde legen nahe, dass Menschen sich schon vor Tausenden von Jahren mit magischen Praktiken und Orakeltechniken beschäftigt haben. So wurden z. B. 1997 in der chinesischen Provinz Shan Dong (südlich von Peking) ca. 4 000 Jahre alte, mit Schriftzeichen versehene Knochen ausgegraben. Diese sollten, nachdem auf ihnen Fragen an das Schicksal eingeritzt worden waren, den Herrschern im Lande Entscheidungshilfen bieten. Beim Erhitzen der Knochen ergaben sich Risse und Sprünge, die die Zeichen veränderten; daraus versuchte man dann, die Antworten abzulesen.

Schamanen in Sibirien, Medizinmänner und Zauberer in Afrika sowie Kultpriester in Südamerika, in Tibet und im Alten Orient haben schon vor Jahrhunderten bzw. Jahrtausenden in ihrem jeweiligen Bereich »geheime Kenntnisse« angesammelt und Orakelrituale entwickelt. Damit wollten sie sich selbst und den Kosmos verstehen sowie Ratsuchenden Lebenshilfe bieten.

Bis in die Gegenwart hinein ist vieles davon durch die Überlieferung lebendig geblieben. Anderes wurde neu belebt, gerade auch im Kontext von *Esoterik* und *New Age*, deren Anhänger eine Rückbesinnung auf Wesen und Wissen der alten Kultur- und Naturvölker fordern.

So ist es nicht erstaunlich, dass es keine nennenswerten Orakeltechniken gibt, die in unserer Zeit entstanden wären und somit, im Vergleich zu den traditionellen Orakeln, ein völlig neues Konzept darstellen würden. Ob *I-Ging*, *Tarot*, *Palmblatt-Orakel*, *Astrologie*, *Zahlenmagie* oder *Chiromantik* – alle bekannten Systeme haben ihre Wurzeln in der Vergangenheit und sind bis heute fast unverändert geblieben.

Für Bibelleser mag es erstaunlich sein: Auch im Alten Testament wird von Orakeln berichtet, die eine gewisse Zeit im Volke Israel praktiziert wurden. *Moses* erhält von Gott die Anweisungen zur Herstellung der Zeremonialkleidung des Hohepriesters im Volk Israel (2. Mose 28): Eine etwa 25 mal 25 cm große Leinentasche (der »Amtsschild«) auf der linken Brustseite ist für die *Urim* und *Thummim* vorgesehen. Dies sind zwei oder mehrere *Lossteine*. Der Hohepriester wirft die Steine, um den Willen Gottes in einer Entscheidungssituation oder einem Rechtsspruch für Israel herauszufinden. Die Bedeutung der Worte *Urim* und *Thummim* ist nicht abschließend geklärt. Martin Luther übersetzt sie mit »Licht und Recht«. *Urim* kann im Hebräischen aber auch mit Begriffen wie »Schuld« oder »Fluch«, *Thummim* mit »Vollkommenheit« und »Glück« zusammenhängen.

Über den Ablauf des Loswerfens finden sich in den biblischen Texten keine Hinweise. Bibelausleger nehmen an, dass die Lossteine nur ein einfaches »Ja« oder »Nein« hervorbrachten, also Alternativfragen beantworteten. Im nachexilischen Israel gibt es diese Orakelpraxis nicht mehr, obwohl sie noch bekannt ist (Esra 2,63). Urim und Thummim gehören zu dieser Zeit zwar weiterhin zur Amtstracht des Hohepriesters, werden aber wahrscheinlich nur noch als Symbol für das gerechte Handeln Gottes am Volk Israel verstanden.

2. Zahlenmystik und Nummerologie

a) Einführung

Die Welt der *Zahlen* hat die Menschen fast aller Kulturen seit Jahrtausenden fasziniert. *Pythagoras* (580-500 v.Chr.), der seinen berühmten Lehrsatz formulierte, hatte wohl nicht zu Unrecht gemeint, dass *die Zahl das Wesen aller Dinge* sei.

Naturbeobachter und Mathematiker, Esoteriker, Sektierer, Wahrsager und manch andere haben denn auch auf ihren ganz unterschiedlichen Arbeits- bzw. Interessensgebieten immer wieder versucht, das Geheimnis der Zahlen zu ergründen. Mit den jeweiligen Erkenntnissen ließen sich der Kosmos verstehen und das Leben ordnen, aber auch Fantasie und Aberglaube beflügeln sowie Scharlatanerie betreiben. Zudem ist die Zahlenmystik Bestandteil der Kultpraxis einer Reihe von Religionen.

Neben ihrer reinen Funktionalität in Mathematik, Statistik und Naturwissenschaft wurde und wird den Zahlen also auch eine esoterische Bedeutung beigemessen, die erkennbar in *Zahlenmystik* und *Nummerologie* – in der Orakelpraxis – ihren Ausdruck findet.

b) Exkurs: Zahlensymbolik

Wie grafische Zeichen (Rechteck, Kreis, Kreuz, Dreieck u. a.), Piktogramme, Logos oder bestimmte Farben als sichtbare Hinweise auf etwas »Unsichtbares«, »Abstraktes« oder »Transzendentes« gelten können, so lassen sich auch Zahlen als Symbole für geistige Wirklichkeiten und Prozesse verstehen, was sowohl für den säkularen als auch den religiösen Bereich gilt. In den Märchen und Sagen der Völker, in heiligen Schriften, in der spirituellen Praxis und im Alltagsleben vieler Menschen spielt die Symbolik der Zahlen eine wesentliche Rolle. An einigen Beispielen soll dieses verdeutlicht werden.

Die »Eins« gilt als die Königin der Zahlen, als Ausgangspunkt jeden Zählens. Sie kommt als Symbol der Einheit, des Einen und Ungeteilten vor aller Schöpfung und damit vor allem Vielfältigen. Sie steht deshalb für Gott, für Tao und Brahman, für das, woraus alles hervorgeht und in das alles wieder zurückkehrt.

Die »Zwei« kennzeichnet den Dualismus bzw. die Polarität, d. h. die gespaltene Welt: Himmel und Erde, Gut und Böse, Geist und Materie, Mann und Frau, Licht und Dunkel, Yin und Yang usw. Gleichzeitig beginnt mit der »Ver-›zwei‹-gung« die Vielfalt des empirischen Kosmos.

Mit der »Drei« wird der harte Gegensatz der »Zwei« entschärft, z. B. durch einen Schiedsrichter zwischen zwei Parteien oder durch die Erweiterung der Paarbeziehung zur Familie. Volkstümlich spricht man davon, dass »aller guten Dinge drei« sind; drei Personen bilden ein Kollegium; man hat immer drei Versuche, etwas zu erreichen.

In den Religionen begegnen verschiedene Formen göttlicher Triaden (»Dreiheiten«) wie etwa »Isis-Osiris-Horus« oder »Brahma-Vishnu-Shiva«. Auch der christliche Glaube gründet in der Trinität. Aus der Bibel sind ebenfalls Beispiele für die Zahl »Drei« bekannt: Petrus verleugnete Jesus dreimal; Jona musste drei Tage im Bauch eines Fisches verbringen, und Paulus war drei Tage blind. Im buddhistischen Bereich begegnet die »Drei« unter anderem auf folgende Weise: Um Buddhist zu werden, muss man die »dreifache Zuflucht« nehmen, zum Buddha, zum Dharma (Lehre) und zum Sangha (Gemeinschaft).

Als prägnantestes Beispiel der Symbolik in der Nummerologie gilt wohl die »Sieben«, eine in fast allen Religionen und Kulturen heilige Zahl der Ordnung und Fülle.

Die Babylonier kannten sieben Planeten, nach denen sie unter anderem die Sieben-Tage-Woche einrichteten, die so auch Eingang in die jüdische Religion und später in die westliche Kultur fand. Daher ist es nicht erstaunlich, dass eine Reihe von Texten im Alten und Neuen Testament von der »Sieben« geprägt wird (der Schöpfungsbericht, Gottesgaben, Traumdeutungen, Visionen des Sehers Johannes u. a.). Im Altertum gab es sieben Weltwunder, und seit jeher fahren die Schiffe über die sieben Weltmeere. Rudolf Steiner entwickelte die esoterische Theorie vom siebengliedrigen Menschen und sprach von den sieben Schöpfungsgeistern sowie von den sieben Planeteninkarnationen der Erde. Die moslemischen Pilger müssen zum Höhepunkt der *Hedschra* die *Ka'aba* in Mekka siebenmal umrunden. Die Märchen kennen sieben Zwerge hinter den sieben Bergen, sieben Geißlein, sieben Raben und sieben Schwaben.

Die »Zwölf«, ebenfalls ein Symbol der Gesamtheit, Fülle und Vollendung, ist häufig im biblischen und außerbiblischen Kontext anzutreffen: Die zwölf Stämme, entsprechend den zwölf Söhnen Jakobs, bildeten das Volk Israel. Jesus berief zwölf Jünger; das himmlische Jerusalem weist zwölf Fundamente und zwölf Tore auf. Die Babylonier teilten das Jahr in zwölf Monate und bestimmten zwölf Tierkreiszeichen. Mit zwölf Jahren wird ein junger Jude erwachsen und feiert *Bar-Mizwa* (»Sohn des Gesetzes«). Zwischen Weihnachten und dem Fest der Dreikönige liegen die zwölf heidnischen Raunächte. 1955 gestaltete der Belgier Paul Lévi die blaue Europaflagge mit den zwölf Sternen (in Anlehnung an Offenbarung 12,1f).

Eine andere auffällige Zahlensymbolik hängt mit der »Vierzig« zusammen und hat überwiegend einen religiösen Hintergrund. Vierzig Jahre wanderte das Volk Israel in der Wüste; vierzig Tage verbrachte Mose auf dem Berg Sinai; Elia war vierzig Tage zum Berg Horeb unterwegs. Jesus fastete vierzig Tage in der Wüste, seine Grabesruhe dauerte vierzig Stunden. Vierzig Tage beträgt die Fastenzeit vor Ostern. Die »Vierzig« symbolisiert hier einen spirituellen Zustand der Prüfung, Vorbereitung, Buße und Einübung.

c) Zahlenmystik

Mit »Zahlenmystik« wird im westlichen Kulturkreis der Versuch bezeichnet, in heiligen Schriften – und hier ist in erster Linie die *Bibel* gemeint – Hinweise auf eine geheime Weltordnung, auf zukünftige Ereignisse oder auf göttliches Planen und Handeln zu erkennen – auf Geheimnisse, die sich angeblich hinter bestimmten nummerischen Angaben verbergen.

Da es im Hebräischen und Griechischen als den Ursprachen der Bibel keine Zahlzeichen gibt, dienen die jeweiligen Alphabete der Wort- und auch der Zahlenbildung. Dabei wurde den Buchstaben ein bestimmter Zahlwert zugeordnet. Auf diese Weise ließen sich, so glauben die Anhänger der Zahlenmystik, einzelne Wörter oder auch ganze Textabschnitte in Zahlenwerte verwandeln, aus denen dann die (geheimen) Botschaften herausgelesen werden könnten. Zwei Beispiele aus dem Alten Testament:

- Der Name der Stadt *Jerusalem* ergibt mit seinen sechs hebräischen Buchstaben den Zahlenwert »586« (*Jod* = 10; *Resch* = 200; *Waw* = 6; *Schin* = 300; *Lamed* = 30; *Mem* = 40), der als Hinweis auf das Jahr ihrer Zerstörung 586 v.Chr. gedeutet wurde.
- Der Name des Königs *Salomo* entspricht dem Zahlenwert »375« (300/30/40/5). Gemäß Sprüche 10,1-22,16 werden von Salomo 375 Weisheitssätze überliefert. Die Anhänger der Zahlenmystik sehen in diesem Textabschnitt das eigentliche Korpus der Salomonischen Weisheit. 1. Könige 5,12 zufolge habe Salomo aber 3 000 Sprüche verfasst, also genau 8 mal 375, womit er eindeutig als »Autor« bestätigt sei.

Bekannter in diesem Zusammenhang sind die anhand biblischer Zahlenangaben vorgenommenen *Endzeitberechnungen* verschiedener christlicher Sekten und Gemeinschaften, z. B. diejenigen der *Zeugen Jehovas* und des Predigers *William Miller* (Wegbereiter der *Siebenten-Tags-Adventisten*). Der wichtigste Grund für das Scheitern aller Berechnungen dieser Art liegt darin, dass historische und symbolische Zahlen gleichberechtigt nebeneinandergestellt und vermischt werden, obwohl sie jeweils völlig Unterschiedliches aussagen.

Die *Kabbala*, eine zwischen dem 3. und 5. Jahrhundert entwickelte jüdische Geheimlehre, versuchte ebenfalls, mit Hilfe der 22 Buchstaben des hebräischen Alphabets und der entsprechenden Zahlenwerte das Geheimnis der Schöpfung und das Wesen Gottes zu enträtseln, um dem Mystiker einen Erkenntnisweg von der Vielfalt (der Schöpfung) zum Einen (Gott) zu weisen.

d) Ein Sonderfall: Der Bibel-Code

Im Sommer 1997 erregte ein Buch öffentliches Aufsehen, das vom Heyne-Verlag, bei dem es in deutscher Übersetzung erschien, als »das wichtigste Buch für das nächste Jahrtausend« bezeichnet wurde: *Der Bibel-Code*. Verfasst wurde es von dem ehemaligen

Polizeireporter der *Washington Post*, Michael Drosnin. Dieser hatte während eines Aufenthaltes im Nahen Osten gehört, dass der an der Hebrew University in Jerusalem lehrende Mathematik-Professor *Eliyahu Rips* sich mit einem in den fünf Büchern Mose (*Pentateuch*) angeblich verborgenen »geheimen Code« beschäftigte und diesen entschlüsselt habe.

Rips hatte die 304 805 hebräischen Buchstaben (nur Konsonanten) des Pentateuchs in einen Computer eingegeben und dabei statistische und strukturelle Auffälligkeiten von Namen entdeckt. Daraus folgerte er, dass in den Texten schon »Einzelheiten von Vorgängen« beschrieben seien, die erst Tausende von Jahren nach ihrer Abfassung stattfanden.

Das Code-Knacken erfolgte so, dass dem Computer als Stichwort ein aktueller Name oder Ort eingegeben wurde, den er suchen sollte. Zusammenhängend und als solchen fand der Computer die Vorgaben natürlich nicht, jedoch dann, wenn mehrere einzelne oder sogar viele Tausend Buchstaben übersprungen wurden. Außerdem wurde in den Textteilen wie in einem Kreuzworträtsel – horizontal und vertikal – gelesen.

Mit dieser Methode – und mit Hilfe eigenwilliger Interpretationen – kommt Drosnin zu Hinweisen auf die Französische Revolution, den Aufstieg und Untergang Hitlers, den Flug der Amerikaner auf den Mond, den Ausbruch des Golfkrieges 1991, die Ermordung *Jitzchak Rabins*, den Namen des Mörders *Yigal Amir* und auf vieles andere mehr. Den Beginn eines Dritten Weltkrieges datiert er auf das Jahr 2112; einen »atomaren Holocaust« sagte er für 1996 voraus.

Nach dem Erscheinen des Buches distanzierte sich Rips von den fantasievollen Ausschmückungen Drosnins, blieb aber bei seiner Auffassung, dass der Text einen »geheimen Code« enthalte. Ein australischer Statistiker meint: »Gewisse Mustertypen treten zwangsläufig in großen Datenmengen auf« (*idea* 59/1997, 2. Juni 1997).

e) Nummerologie

Die *Nummerologie* (wörtlich: »Lehre von den Zahlen«) wird von ihren Anhängern als »eine der ältesten Geheimwissenschaften« bezeichnet. Sie sei schon von den Babyloniern, den Chinesen und anderen Kulturvölkern vor Jahrtausenden praktiziert worden. Im Namen und Geburtsdatum eines jeden Menschen seien Zahlenwerte enthalten, die Rückschlüsse auf den Charakter und Lebensweg des Betreffenden zuließen. Diese Aspekte herauszufinden sei das Anliegen der Nummerologie.

Grundlage dieser Lehre sei ein »Prinzip der Schwingungen«. Die Gesamtheit der Zahlen von eins bis neun stelle einen vollständigen »Schwingungszyklus« dar, da sich alle denkbaren Zahlen auf diese Ziffern zurückführen lassen, wenn man ihre Quersummen bildet. Nach der esoterischen Lehre von der Analogie (»wie oben, so unten«) gelte weiterhin: Die Gesetzmäßigkeiten des Kosmos entsprächen denjenigen auf der Erde; hier entfalteten sie ihre Wirkung und Prägung durch die auf den Menschen ausstrahlende kosmische Schwingung. Wer herausfinden will, welche »Lebenszahl« ihn durch die entsprechende Schwingung bestimmt, muss die Buchstaben seines Namens nach einem bestimmten Zahlenschlüssel in eine Zahl umwandeln. Dann muss er so lange die Quersumme ziehen, bis sich eine einstellige Ziffer ergibt. Indem er die Zahlen des Geburtsdatums addiert, erhält er seine »Glückszahl«.

Als Zahlen-Buchstaben-Schlüssel wird am häufigsten das *System des Pythagoras* verwendet:

1	2	3	4	5	6	7	8	9
A	B	C	D	E	F	G	H	I
J	K	L	M	N	O	P	Q	R
S	T	U	V	W	X	Y	Z	

Es gibt daneben aber auch das *System Cheiro*, das aus der kabbalistischen Tradition stammen soll:

1	2	3	4	5	6	7	8
A	B	C	D	E	U	O	F
I	K	G	M	H	V	Z	P
J	R	L	T	N	W		
Q		S		X			
Y							

Das »Cheiro«-System arbeitet ohne die Ziffer »9«, da diese ursprünglich solchen Buchstaben und deren Lautwerten zugeordnet gewesen wäre, die es in westlichen Sprachen nicht gibt. Heute nennt »Cheiro« als Grund für das Fehlen der »9«, dass es sich bei ihr um eine »heilige Zahl« handele, die nicht in menschliche Bereiche hineingezogen werden dürfe. Wenn die Buchstaben-Zahlen-Kombination nach der Ermittlung der Quersumme allerdings den Wert »9« ergibt, spielt diese Ziffer in der Praxis, d. h. im Gebrauch der (unten dargestellten) Auswertungsskala, doch eine Rolle.

Mit den einzelnen »Lebenszahlen« werden folgende Eigenschaften, Fähigkeiten, Möglichkeiten und Grenzen verbunden:

1 Individualität, Unabhängigkeit, Originalität, Initiative
2 Empfänglichkeit, Diplomatie, Zusammenarbeit
3 Lebensfreude, Kommunikation, Intelligenz, Optimismus
4 Ordnung, Struktur, Arbeit, Disziplin
5 Freiheit, Abenteuerlust, Beweglichkeit
6 Verantwortlichkeit, Liebe, Stabilität, Kunst
7 Wissen, Verständnis, Spiritualität, Weisheit
8 Geld, Macht, Selbstkontrolle, Entscheidungsfähigkeit
9 Dienst, Mitgefühl, Mitmenschlichkeit, Intuition

f) Kritische Anmerkungen

Im Hinblick auf die Orakeltechnik der Nummerologie bleibt jedoch eine Reihe von Fragen ungeklärt: Nach welchem der vorliegenden »Systeme« soll man seine Zahlen ermitteln? Spielen alle Namen oder nur der Vor- und Familienname eine Rolle? Was bedeuten Künstlernamen, unter denen man bekannt ist? Wie steht es mit der Transkription fremdländischer Namen? Gibt es, aufgrund der Einzigartigkeit jedes einzelnen der Milliarden Menschen auf der Erde, nicht sehr viel mehr und ganz andere Kombinationen von Fähigkeiten und Eigenschaften, als dass sie durch Listen vorgegeben werden könnten?

Zahlen sind in ihrer rationalen Funktion zur Erkenntnis und Entschlüsselung der Welt unverzichtbar. Hingegen ist die Auffassung, dass bestimmte Zahlen eine verborgene Energie besäßen, die per se wirke oder die man sich für negative oder positive Ziele zunutze machen könne, als magische Vorstellung von einengender Wirkung abzulehnen.

Literatur

- Jo Logan/Lindsay Hodson, *Die Kunst des Wahrsagens*, Abschnitt »Nummerologie«, Düsseldorf 1983, S. 64ff.
- Otto Betz, *Die geheimnisvolle Welt der Zahlen – Mythologie und Symbolik*, München 1999
- Ernst Bindel, *Die geistigen Grundlagen der Zahlen*, Stuttgart ^{2}1975

3. Kartenlegesysteme am Beispiel »Tarot«

a) Einführung

»Die Karten lügen nicht!« Davon sind Orakel-Gläubige überzeugt. Heißt das auch, dass die Karten die »Wahrheit sagen« oder sogar die Zukunft kennen?

Spielkarten in allen Variationen dienen vielen Menschen allein zur Unterhaltung bei geselligem Zusammensein. Für andere haben sie jedoch eine tiefere, esoterische Bedeutung. Ihnen gelten sie als Quelle der Erkenntnis über sich selbst und somit als ein Instrument, um etwas über die Zukunft in Erfahrung zu bringen oder Lösungen für Probleme zu erhalten.

Die Herkunft der Kartenspiele ist unter Historikern umstritten. Spuren weisen nach Korea und China. Chinesischen Texten aus dem 11. Jahrhundert zufolge soll es schon zur Mitte der *T'ang-Zeit* (7./8. Jahrhundert) Kartenspiele gegeben haben. In Europa werden Spielkarten im März 1377 in einer Schrift der Stadtverwaltung von Florenz erwähnt. Der Dominikanermönch Ingold Wild schreibt 1432 in seinem Buch *Das guldin Spiel*, dass schon um 1300 Kartenspiele in Deutschland bekannt gewesen seien . Zunächst ging es dabei allerdings nicht um Unterhaltung, sondern um Glücksspiel. Das hat den Magistrat von Regensburg 1378 zu einem Verbot solchen Treibens veranlasst.

Die Divination (das »Wahrsagen«) anhand von Spielkarten soll um 1420 von Sinti und Roma nach Europa gebracht und über längere Zeit fast nur von ihnen praktiziert worden sein. In diesem Zusammenhang spielte auch der *Tarot* eine wichtige Rolle.

b) Entstehung und Geschichte

Zur Herkunft der Tarotkarten und ihrer Symbole gibt es unterschiedliche Legenden und Meinungen. Aus Atlantis, dem alten Ägypten oder Indien sollen sie stammen oder »aus einer Zeit noch vor dem Entstehen der menschlichen Sprache« (Hans-Dieter Leuenberger, *esotera*, Juli 1986, S. 46).

Eine plausible Theorie besagt, dass um die Mitte des 15. Jahrhunderts ein italienischer Künstler namens *Bonifacio Bempo* für die Adelsfamilie *Visconti* in Mailand ein Kartenspiel entworfen und gezeichnet habe, das *Tarocchi* genannt wurde. Es bestand aus vier Sätzen à 14 Karten und 22 »Triomphi« (Trümpfe) genannten Bildern, die verschiedene Szenen des Lebens und herausragende Gestalten des Mittelalters (z. B. Papst, Kaiser) darstellten.

Andere Forscher führen die Karten auf eine altitalienische Bilderenzyklopädie zurück, die im 14. Jahrhundert in Venedig mit spanischen Zahlenkarten verknüpft worden sei.

Heute ist der Tarot (die französische Bezeichnung für *Tarocchi*) in der ganzen westlichen Welt verbreitet. Er liegt in mehreren Hundert verschiedenen Ausgaben vor; in Deutschland gibt es mindestens 40 Varianten. Am bekanntesten sind wohl diejenigen, die 1910 von *Arthur Edward Waite* (1857–1942, *Rider Tarot*), seinerzeit führendes Mitglied des englischen Golden-Dawn-Ordens, gestaltet wurden. Genauso bekannt sind die Ende der 30er-Jahre von dem Okkultisten *Aleister Crowley* (1875–1947) entworfenen Karten. Crowley nannte seine Version nach dem altägyptischen Mondgott *Thot* (zugleich »Gott der Weisheit«) das *Thot Tarot*.

c) Struktur und Bedeutung der Karten

Das Tarotspiel besteht aus 78 Karten. Sie gliedern sich in zwei Teile: in die 22 Trumpfkarten der sogenannten *Großen Arkana* (»Große Geheimnisse«) und die 56 der *Kleinen Arkana*.

Die 22 »Trümpfe«, mit römischen Ziffern durchnummeriert, zeigen bildhafte Darstellungen von Personentypen, menschlichen Tugenden und Dingen des Alltags, aber auch von einigen bizarren Elementen. In dieser Reihenfolge erscheinen folgende Motive: *Magier*, *Hohepriesterin*, *Kaiserin*, *Kaiser*, *Hohepriester*, *Liebende*, *Siegeswaage*, *Stärke*, *Eremit*, *Glücksrad*, *Gerechtigkeit*, *Hängender*, *Tod*, *Mäßigung*, *Teufel*, *Turm*, *Sterne*, *Mond*, *Sonne*, *Auferstehung*, *Welt*.

Die letzte Karte – oder auch die erste, je nachdem, wie man die Aufzählung beginnt – zeigt einen *Narr* und trägt die Kennziffer »Null«.

Jedes dieser 22 Symbole wird nun in besonderer Weise gedeutet. Beeinflusst wird die Deutung vom jeweiligen Standort des Spielers, also von religiösen, esoterischen, psychologischen, magischen und therapeutischen Gesichtspunkten, die auch miteinander kombiniert werden können. Anfänger werden sich zunächst an die Vorgaben »erfahrener« Tarot-Kenner halten, ehe sie zu eigenen Einsichten kommen, was letztendlich das Ziel der Beschäftigung mit dem Tarot sein soll.

c) Einige Beispiele traditioneller Deutung der Tarotkarten

Die *Große Arkana* beginnt mit der Karte »Der Magier«, der die Kraft des Geistes und des Willens und somit die Lebensenergie in ihrer schöpferischen Form symbolisiert. Ihm wird zugesprochen, dass er die Möglichkeiten des Lebens Realität werden lassen kann.

Die Hohepriesterin« und »Die Kaiserin« (oder auch »Herrscherin«) stellen in dieser Reihe sogenannte »weibliche Attribute« dar: Ihr Wissen um die menschliche Seele und ihre Naturverbundenheit machen in den Augen der Tarotspieler die Hohepriesterin zum Medium und

Orakel oder zur Heilerin und Hexe. Die Kaiserin wird zur Verkörperung von Mütterlichkeit, Liebe und Sexualität deklariert.

»Der Teufel« steht für Illusion, Gewalt, Materialismus, Leid und sexuelle Obsession sowie für die dunkle Seite des kollektiven Unbewussten.

Bei der Karte »Der Hängende« (oder auch der »Gehenkte«) handelt es sich um einen mit dem Kopf nach unten hängenden Mann, der das linke Bein in T-Form mit dem rechten kreuzt. Er wird interpretiert als Symbol tiefer Verbindung mit dem Leben, als Opfer, als Zeichen von Disziplin und Unterwerfung, aber auch als Hinweis auf Eingebung und Erleuchtung. Die Position des Hängenden wird »yogische Position« genannt.

Die *Kleine Arkana* besteht aus vier Sätzen von je 14 Karten. Jeder Satz ist von einem bestimmten Symbol gekennzeichnet, das sich auf jeder Karte befindet. Die vier Symbole sind »Stäbe«, »Kelche«, »Schwerter« und »Münzen« (oder »Scheiben«), die jeweils mit den vier Elementen in Verbindung gebracht werden: die Stäbe mit dem Feuer, Kelche mit Wasser, Schwerter mit Luft und Münzen mit der Erde. Die Reihenfolge der Karten beginnt mit den vier Königskarten (König der Stäbe, König der Kelche usw.), setzt sich fort mit den anderen Bildkarten und endet mit den Zahlenkarten (Zehn, Neun, Acht ... Zwei) bis zum »Ass«.

Im Gegensatz zu den 22 Trümpfen, die eher Urerfahrungen oder Urbilder des Menschen (im Sinne des Tiefenpsychologen *C. G. Jung*) symbolisieren, stehen die 56 Karten der *Kleinen Arkana* für das Alltagsleben mit seinen Freuden und Problemen: Die Stäbe stehen z. B. für das Handeln, für Abenteuer, für Geschäftigkeit; die Kelche symbolisieren Freundschaft, Fantasie und Nachdenken; die Schwerter verweisen auf Konflikte, Ärger, Trauer und die Münzen sind ein Sinnbild für Geld, Arbeit, feste Beziehungen und Ähnliches.

e) Tarotkarten legen und lesen in der Praxis

Beim Tarot geht es im Gegensatz zu Skat oder Schafskopf nicht darum, *gegen* andere zu spielen. Die Karten werden vielmehr *für* andere oder *für* sich selbst gelegt und gedeutet.

Als Erstes wird eine Karte, mit der man sich identifizieren will, als »Signifikator« ausgewählt. Sie wird offen auf den Tisch gelegt, um ein positives Energiefeld zu schaffen. Die anderen Karten werden mehrmals gemischt, mit der linken Hand in drei Häufchen geteilt, wieder zusammengeschoben und dann in verschiedene Muster ausgelegt, in *Fächer-*, *Karree-* oder *Kreuzform*.

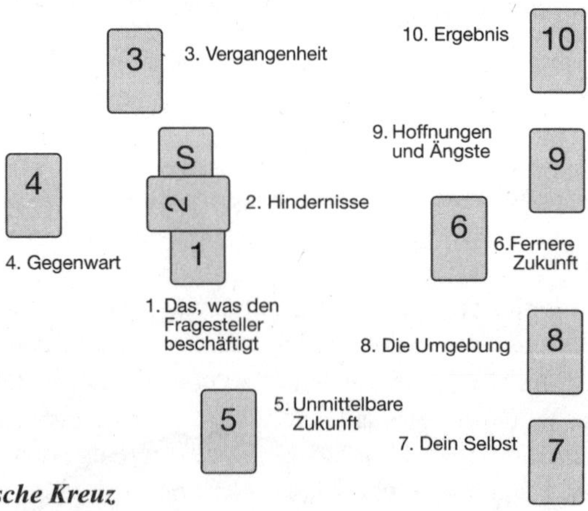

Das keltische Kreuz

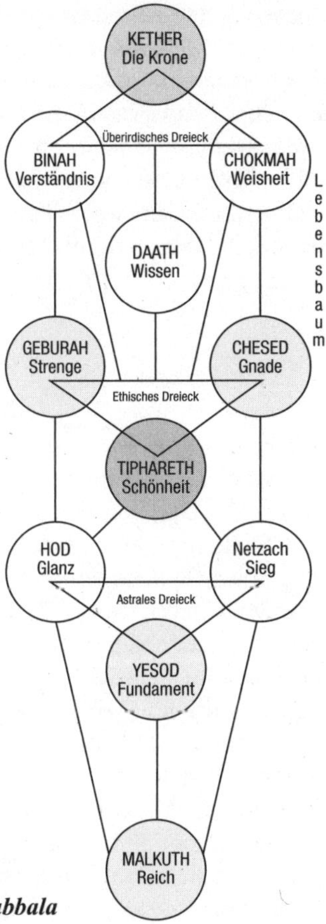

Lebensbaum der Kabbala

Zu den bekanntesten Varianten gehören das *Keltische Kreuz* und der *Lebensbaum der Kabbala*. Die Annahme, dass die Tarotkarten etwas mit der jüdischen Geheimlehre der Kabbala zu tun hätten, stammt von dem französischen Okkultisten *Eliphas Lévi* (*Alphonse-Louis Constant*, 1810–1875), der die 22 Trümpfe mit den 22 Buchstaben des hebräischen Alphabetes in Verbindung brachte.

Mit Hilfe der zahllosen Kombinationsmöglichkeiten der 78 Karten sollen die Geheimnisse des Kosmos erkannt, Gegenwart und Zukunft von Menschen gedeutet sowie Lebenshilfe gegeben werden können. Wer sich lange Zeit ernsthaft mit dem Tarot beschäftige und über den Karten »meditiere«, habe zudem die Chance, seine Persönlichkeit positiv zu beeinflussen und ein »weiser Mensch« zu werden, meinen diejenigen, die Tarotkarten befragen.

Neben der *Astrologie* und dem *I-Ging* gehört der *Tarot* zu den meistbenutzten Orakel-Systemen unserer Zeit.

f) Anmerkungen

Zu den besonderen Kennzeichen des Tarot gehört, dass es eine kaum überschaubare Anzahl von Variationen und fast ebenso viele Deutungsmöglichkeiten gibt. Dadurch ist eine Pluralität vorgegeben, die aus kritischer Sicht zur Beliebigkeit der Deutung führen muss. Dies geht auch aus den zahlreichen Hand- und Lehrbüchern des Tarot hervor, die unterschiedliche, sogar gegensätzliche Interpretationen der Personen- und Situationskarten anbieten. Die einzelnen Spielenden oder Ratsuchenden, die ihre jeweilige Persönlichkeit entschlüsseln oder mit Hilfe der Gegenwarts- und Zukunftsanalyse Anweisung zum Handeln bekommen möchten, können also keine verlässlichen Auskünfte erwarten.

An die Tarot-Gläubigen ist in diesem Zusammenhang die Frage zu stellen, welche (unbewusste) Kraft oder (göttliche) Energie beim Kartenlegen wirksam sein sollte, und in welcher Weise diese die erwünschten Informationen hervorzubringen vermag. Ganz allgemein sollte vor der Praxis des Orakels mittels Karten gewarnt werden, da die Gefahr besteht, dass es zu erheblichen psychischen Abhängigkeiten kommen kann, entweder von der Person, die die Karten legt, oder von den Karten selbst.

Literatur

- Emily Peach, *Das Tarot-Werkbuch – Eine praktische Anleitung zum Gebrauch des Tarot als Orakel*, München 1986
- Rachel Pollack, *Tarot – 78 Stufen zur Weisheit,* München 1985
- Arthur Edward Waite, *The Pictorial Key to the Tarot*, New York 1980

4. Kritische Einschätzungen der Orakelpraktiken

Stammesgesellschaften, Naturvölker und archaische Kulturen verstehen die Welt als »verzaubert«: Sie rechnen mit dem Wirken von Göttern, Geistern und Dämonen sowie mit geheimnisvollen Mächten und Kräften, die sie oft nicht verstehen oder beherrschen können. Deshalb versuchen sie, diese mit magischen Praktiken, Beschwörungen und Orakeln positiv zu beeinflussen. Selbst die frühen Hochkulturen wie die des Mittelmeerraumes (Rom und Griechenland), des Alten Orients sowie diejenigen in China und Südamerika weisen ähnliche Strukturen auf.

Es gab jedoch schon sehr früh auch einen anderen Ansatz. Bereits das Alte Testament stellt dem religiösen Umfeld Israels eine abweichende Weltsicht gegenüber, nämlich die »Entzauberung« der Welt: Die Welt wurde nicht als dämonisch oder von Göttern und Geistern belebt verstanden, sondern als gute Schöpfung Gottes, der sein Volk erwählt und einen Bund mit ihm geschlossen hatte. Der Gebrauch von Magie und Orakeln, um »geheimes Wissen« über die Natur zu erlangen oder die Welt zu beherrschen, galt daher nicht nur als sinnlos; er wurde als Abfall vom Gott der Väter angesehen. In 5. Mose 18 wird vor entsprechenden Praktiken gewarnt. Auch der Prophet Jesaja (Kap. 44) verwirft den Götzen- und Orakeldienst der Wahrsager als völlig nutzlos. Er gilt als Einbildung und Menschenwerk. Vor diesem Hintergrund ist wohl zu verstehen, dass das Orakelwesen der *Urim* und *Thummim* im nachexilischen Israel nicht mehr praktiziert wurde.

Auch im vorchristlichen, von Kelten und Germanen bevölkerten Europa waren Religion und Alltagsleben der Menschen von heidnischen Mythen und Handlungen, einschließlich der Orakel (z. B. *Runen*), geprägt.

Nun scheint es im »christlichen Westen« einige Menschen zu geben, die sich trotz Aufklärung, kritischen Denkens und technischen Fortschritts (oder gerade deshalb) nach einer erneuten »Verzauberung« der Welt sehnen. Das starke Anwachsen von *Esoterik* und *Astrologie*, *New-Age-Bewusstsein* und *Neo-Paganismus* ist für diese Entwicklung verantwortlich.

In diesem Zusammenhang spielen die verschiedenen Orakelsysteme eine wichtige Rolle. Sie werden als Möglichkeit gesehen, sich einer hinter der sichtbar-empirischen Welt liegenden »Wirklichkeit« nähern oder sogar mit ihr in Verbindung treten zu können. Begründet wird diese Meinung mit der esoterisch-holistischen, von asiatischer Religiosität geprägten Auffassung: »Alles ist in allem; und was oben ist, ist gleich dem, was unten ist (Makrokosmos = Mikrokosmos).«

Westliche Anhänger der Orakelpraktiken müssen jedoch Vorleistungen erbringen und Konsequenzen in Kauf nehmen. Zunächst geht es um ihre persönliche »Disposition«: Sie begeben sich in den Bereich von Fiktion und Spekulation. Sie müssen in einem bestimmten Sinne »gläubig« sein. Verbunden ist damit die Forderung, völliges Vertrauen in die Wirksamkeit der jeweiligen Medien (Wahrsager, Kartenleger, Orakelpriester) und die von ihnen benutzten Gegenstände zu haben.

Von Orakeln werden Hinweise auf künftige Ereignisse, aber auch Handlungsanweisungen für das Hier und Jetzt erwartet. Damit unterwerfen sich die Orakelgläubigen fremden Einflüssen und häufig dem Zwang einer »sich selbst erfüllenden Prophetie« – eine Konsequenz, die zu starken psychischen Veränderungen und negativen Auswirkungen bei der Lebensgestaltung führen kann.

Literatur

- Rolf Jeromin (Hrsg.), *Orakelbuch – Die Kunst, das Schicksal zu befragen*, Gütersloh 1981
- Carola Rieger, *Wahrsagekunst*, Köln 2003
- Patrick Ravignant, *Orakel – geheimnisvolle Kräfte*, München 1983

V. Esoterik und christlicher Glaube

Was ist »Esoterik«? Die ganz am Anfang gestellte Frage lässt sich nun leichter beantworten. Esoterik will Angebote bereithalten für Menschen, die auf der Suche sind: für solche, die ganz elementar nach Gesundheit, Lebenshilfe oder Bewältigung von Zukunftsangst Ausschau halten, und für andere, die etwas »elitärer« nach einem neuen Bewusstsein, einer neuen Spiritualität oder auch nach außergewöhnlichen Erkenntnissen und Erfahrungen streben.

In einschlägigen Kreisen wird die Meinung vertreten, dass sich die Esoterik nur an Menschen mit der nötigen Aufgeschlossenheit wende und nicht an die, »die in ihrer spirituellen Entwicklung und Inkarnationsfolge noch nicht das entsprechende Niveau erreicht haben« (Bernhard Grom, »Faszination Esoterik«, in: *Aus Politik und Zeitgeschichte – Beilage zur Wochenzeitung Das Parlament*, 8. Oktober 1993, S. 13).

Nun werden von der esoterischen Exotik nicht nur konfessionell ungebundene Menschen angezogen, sondern auch gar nicht so wenige Christen, sogar engagierte Gemeindeglieder. Diese müssen sich allerdings die Frage gefallen lassen, ob sie sich dessen bewusst sind, dass sie es bei den meisten Ausprägungen der Esoterik mit einem Gegenentwurf zum biblischen Zeugnis und zum christlichen Glauben zu tun haben. Wie dieser esoterische Widerspruch zum christlichen Glauben aussieht, soll im Folgenden erläutert werden.

Da ist zunächst das *Gottesbild*. Beeinflusst von asiatischer (hinduistischer und buddhistischer) Religiosität wird in weiten Bereichen der Esoterik nicht von dem einen persönlichen Gott gesprochen, sondern vom unpersönlichen »Göttlichen«, das alles Seiende durchdringt. »Gott« ist in der Vorstellung der meisten Esoteriker nur eine »Kraft«, »Energie« oder »Schwingung«, stets verbunden mit dem Adjektiv »kosmisch«. Oder wie es der Wiener Physiker und New-Age-Guru Fritjof Capra (geb. 1939) im Anschluss an ein

Zitat von Erich Jantsch, »Gott ist nicht der Schöpfer, sondern der Geist des Universums« (Erich Jantsch, *Die Selbstorganisation des Universums*, S. 308), einmal ausgedrückt hat: »Aus dieser Sicht ist die Gottheit natürlich weder männlich noch weiblich noch in irgendeiner Form manifest, sondern stellt nichts weniger als die Selbstorganisationsdynamik des gesamten Kosmos dar« (Fritjof Capra, *Wendezeit – Bausteine für ein neues Weltbild*, Bern/München 1983, S. 324).

Gemäß dem biblischen Zeugnis betont der christliche Glaube dagegen, dass der Mensch Gott seine Existenz verdankt und ihm deshalb mit all seinem Denken und Tun verantwortlich ist. Christen respektieren das Gegenüber von Mensch und Gott, denn sie wissen, dass »ein unendlich qualitativer Unterschied zwischen Gott und Mensch« besteht, den niemand aufheben kann (Sören Kierkegaard, *Einübung im Christentum*; in: ders., Werkausgabe, hrsg. von E. Hirsch/H. Gerdes, Bd. 2, Düsseldorf 1971, S. 142).

Ein besonderer Aspekt in diesem Zusammenhang sind die Ansichten der Esoteriker zur zentralen Gestalt des christlichen Glaubens, *Jesus Christus*. Wenn überhaupt von ihm die Rede ist, dann folgerichtig nicht in neutestamentlichen, sondern in esoterischen Kategorien. So wird Jesus als magischer Heiler, Indien-Reisender, theosophischer Weltenlehrer, »Hoher Sonnengeist«, als Guru, »Hexe« oder »aufgestiegener Meister« bezeichnet. Als »aufgestiegener Meister« bildet er mit anderen Religionsgründern, mit Göttern und bedeutenden Männern der Geschichte die »Große Weiße Bruderschaft«, die in einer feinstofflichen Sphäre existiert und von dort aus das Schicksal der Welt und der Menschheit lenkt.

Im Mittelpunkt esoterischen Bemühens steht natürlich der *Mensch*, dem Weisheit und Erkenntnis, Heilung, Erleuchtung oder gar Selbsterlösung zuteilwerden soll. Die »Anthropologie« der Esoterik geht davon aus, dass der Mensch die Berechtigung habe, gesund, stark, autonom und »göttlich« zu sein. Die Begrenzung menschlicher Existenz soll überwunden und eine neue, heile Welt geschaffen werden, in der Krankheit, Leid und Schwachheit keinen Platz mehr haben. Im Anklang an die Konzepte des New Age wird propagiert, dass jetzt ein »neues Zeitalter« anbricht, das des

»Wassermann«. In diesem Zeitalter wird es einen »neuen Menschen« mit einem »neuen Bewusstsein« auf einer »neuen Erde« geben.

Diese Wunschträume stehen in direktem Gegensatz zum biblischen Zeugnis, demgemäß es allein Gott ist, der am Ende aller Zeiten die vom Menschen verursachte »gefallene Schöpfung« heil machen und einen »neuen Himmel und eine neue Erde« schaffen wird; da wird es weder Tod, Leid, Geschrei noch Schmerzen geben, wie es in Offenbarung 21,4 heißt.

Das Nebeneinander oder sogar die Vermischung von Esoterik und christlichem Glauben ist keine Erscheinung unserer Zeit, sondern so alt wie das Neue Testament.

In Kolossä etwa, einer Stadt im Westen Kleinasiens, gab es Unruhe. Zur dortigen christlichen Gemeinde gehörten Menschen, die auf der Suche nach dem Heil waren. Man könnte nun annehmen, dass sie dieses Heil in Jesus Christus gefunden hätten, der in Kolossä genauso verkündet und an den genauso geglaubt wurde wie in den anderen Gemeinden, von denen das Neue Testament berichtet. Aber da war noch etwas anderes. Diese kleine Gruppe von Leuten, um die es hier geht, hatte sich in ihrer religiös-weltanschaulichen Nachbarschaft umgesehen und dann ein eigenes »Glaubenssystem« zusammengestellt. Sie lehnten Christus nicht ab, aber sie wollten mehr; sie wollten nämlich an der Verwirklichung ihres Heils sehr konkret mitwirken und dabei jede Möglichkeit nutzen. Sie behaupteten, außer an Christus zu glauben müsse man noch bestimmte (nicht christliche) Gesetze und Festtage beachten, den Lauf der Gestirne beobachten und sich danach richten; man müsse besondere, altüberlieferte esoterische Einweihungsrituale vollziehen und sich damit Zugang zu kosmischen Kräften (vielleicht zu Engelmächten) verschaffen usw. Es ging um eine Art »geheimes Wissen«, das die betreffenden Leute in Kolossä auch den anderen Gemeindegliedern nahebringen wollten. Die »Fülle Gottes« sei in den Elementen der Welt erkennbar und greifbar, so meinten sie. Und wer Anteil an dieser »Fülle Gottes« haben wolle, der solle sich eben mit den geheimen Mächten arrangieren und die entsprechenden Zeremonien mitmachen. Nur wer dieses »Wissen«, diese »Erkenntnis« habe und praktiziere, komme auf dem Weg ein Stück weiter und schließlich ans Ziel.

Diese Szenerie müsste manchem bekannt vorkommen. Es scheint sich in dieser Hinsicht nicht viel geändert zu haben, denn noch immer gibt es in unserem Gemeindeumfeld bisweilen die gleichen Probleme und Argumente, wenn sich Gemeindeglieder gleichzeitig als Anthroposophen, Geistheiler, Schamanen, Reiki-Meister, Rosenkreuzer, Astrologen oder Kartenleger zu erkennen geben.

Nach einer kritischen Auseinandersetzung bezüglich des christlichen Glaubens und Esoterik erhielt der Autor folgende schriftliche Reaktion (Auszug): »Warum sind Sie so ablehnend den neuen spirituellen Erfahrungen gegenüber? Warum soll man nicht die ganze Fülle der Erkenntnis auch auf diesem Gebiet nutzen? Glauben Sie, dass Gott so kleinmütig und beschränkt ist, dass er das den Menschen nicht zugestehen würde? Auch in anderen Religionen und in der Esoterik gibt es Weisheit und Erkenntnis. Den Menschen im Westen würde es geistlich viel besser gehen, wenn sie auch deren Schätze zu nutzen wüssten.«

Vielleicht sollte hier noch einmal an die 1. These der Barmer Erklärung (1934) erinnert werden, die zwar in eine andere Zeit hineingesprochen wurde, aber doch auch für unsere Gegenwart Hörens- und Nachdenkenswertes enthält: »Wir verwerfen die falsche Lehre, als könne und müsse die Kirche als Quelle ihrer Verkündigung außer und neben diesem einen Wort Gottes auch noch andere Ereignisse und Mächte, Gestalten und Wahrheiten als Gottes Offenbarungen annehmen« (http://www.ekd.de/bekenntnisse/142.html).

Auch der Apostel Paulus reagiert auf die Situation in Kolossä unmissverständlich: »Seht zu, dass euch niemand einfange durch Philosophie und leeren Trug, gegründet auf die Lehre von Menschen und auf die Mächte der Welt und nicht auf Christus« (Kolosser 2,8). Das, was die Menschen auf Umwegen erreichen wollen – Heilsgewissheit, Spiritualität, Wissen oder Lebenshilfe –, haben sie doch längst: In Christus liegen verborgen »alle Schätze der Weisheit und der Erkenntnis« (Kolosser 2,3). Wenn jemand sagt, dass Christus allein nicht genüge, dass wir mehr tun und noch andere (esoterische) Dinge hinzunehmen müssen, dann sollten wir aufmerken! Der christliche Glaube beruht darauf, dass es zu Christus weder eine Alternative gibt noch dass dieser Christus ergänzungsbedürftig sei.

Wer als Christ zu dieser Erkenntnis kommt, weiß, dass sein Heil nicht machbar ist, weder mit Hilfe okkulter Psycho-Techniken noch mit fernöstlicher Meditation oder esoterischer Rituale. Alle menschlichen Versuche, sich dadurch etwa auf kosmisch-göttliche Ebenen emporschwingen zu wollen, müssen scheitern, wenn derjenige ins Spiel kommt, der der Herr aller Mächte und Gewalten ist – Jesus Christus.